三峡文物保护

谢辰生题

国务院三峡工程建设委员会办公室
国家文物局 编

科学出版社
北京

图书在版编目（CIP）数据

三峡文物保护 / 国务院三峡工程建设委员会办公室，国家文物局编. —北京：
科学出版社，2018.3

ISBN 978-7-03-057131-1

Ⅰ．①三… Ⅱ．①国… ②国… Ⅲ．①三峡工程–历史文物–文物保护–概况
Ⅳ．①K872.719

中国版本图书馆CIP数据核字（2018）第064677号

责任编辑：王光明

责任印制：肖 兴／书籍设计：北京美光设计制版有限公司

科 学 出 版 社 出版

北京东黄城根北街16号
邮政编码：100717
http://www.sciencep.com

中华商务联合印刷（广东）有限公司 印刷

科学出版社发行 各地新华书店经销

*

2018年3月第 一 版 开本：787×1092 1/8
2018年3月第一次印刷 印张：70

字数：1 232 000

定价：858.00元

（如有印装质量问题，我社负责调换）

编辑委员会

三峡工程全貌（黄正平 摄）

前 言

—— 徐光冀 ——

1992 年 4 月，第七届全国人民代表大会第五次会议通过兴建长江三峡水利枢纽工程的决议。1994 年 12 月三峡工程正式动工兴建，至 2009 年如期完成了初步设计任务。经过几年的试运行，2014—2016 年国务院组织开展了三峡工程整体竣工验收。文物保护作为三峡工程的重要组成部分，于 2016 年完成了专项终验。为了总结和宣传三峡文物保护的丰硕成果，经国务院三峡工程建设委员会办公室（简称"国务院三峡办"）与国家文物局商定，决定编著本图录，这是一件很有意义的事。

一、自然环境及前人的工作

三峡地区包括东起湖北宜昌、西至重庆的长江及其支流流经的地域。长江南北两岸分别有众多支流汇入。由于南部大娄山紧逼江侧而地势陡峭，北侧则是大巴山余脉，地势相对平缓，因此其北部支流较大，如嘉陵江、小江、草堂河、朱衣河、梅溪河、大宁河、龙船河、香溪等。而南岸除乌江外，其余均为一些较小的溪流。其东端为巫山，北靠大巴山山麓，南依云贵高原北缘，是中国东部和西部，面向海洋和面向亚洲腹地的两大地理单元的重要结合部之一，本身形成一个相对独立的地理单元。这个地区主要是丘陵山地，极少平原，形成独特的山谷地貌，对古代人类生存生活产生深刻的影响。同时又是沟通四川盆地和江汉平原的咽喉地带，同样对这个地区古代人类生存生活也产生重要的影响。

三峡地区文物考古工作开始较早。19 世纪下半叶一些外国传教士、探险家，如布朗（J. C. Brown）、贝伯（E. C. Baber）等在重庆地区发现一些石器。1925—1926 年，中亚探险队的美国学者纳尔逊（N. C. Nelson）在三峡地区调查石器地点 37 处（其中 12 处地点采集到陶片）。20 世纪 30 年代，美国传教士埃德加（J. H. Edgar）也在三峡地区采集到一些石器。这些仅限于地面采集工作。20 世纪 30—40 年代抗日战争时期，一些到此避难的中国学者也做过一些调查、勘测、发掘、搜集等工作。

20 世纪 50 年代中期，因为有了兴建三峡水库的动议，文物考古工作也随之行动。50 年代末，中国科学院考古研究所（1977 年后隶属中国社会科学院）、长江流域规划办公室考古队及湖北、四川两省文物机构等单位，对重点地段进行调查与发掘，其较重要的发掘有巫山大溪遗址、忠县㽏井沟遗址和西陵峡沿江遗址等。70 年代为配合葛洲坝工程，重点对西陵峡地区古代遗址进行考古发掘。这期间还对沿江的洪水、枯水题记进行了调查。80 年代后随着三峡工程坝址选定，在坝区范围内对中堡岛、朝天嘴、杨家湾、柳林溪等遗址进行了重点发掘。这些年来，对西陵峡地区古文化遗存的发掘较多，而对隶属重庆市区域内的古文化遗存发掘的相对较少。总之，在三峡工程最后决策之前，三峡地区的考古发掘工作规模不大，对涉及淹没的文物古迹的了解，不够全面和深入。

二、保护规划的编制

三峡工程正式启动以后，三峡文物保护抢救工作也随之展开，并坚持规划先行。

按照国务院三峡工程建设委员会（简称"国务院三峡建委"）的工作部署，由国家文物局指定中国历史博物馆（今中国国家博物馆）、中国文物研究所（今中国文化遗产研究院）两单位负责三峡工程淹没区及迁建区文物保护的规划事宜，并于 1994 年成立了三峡工程库区文物保护规划组（简称"规划组"），时任中国历史博物馆馆长俞伟超任组长，时任中国文物研究所副所长黄克忠任副组长，规划组成员有国家文物局考古专家组成员徐光冀、古建专家组成员傅连兴。规划组下设办公室进行具体的规划工作，办公室组成人员除上述两单位的人员外，还借调中国社会科学院考古研究所、承德市文物局、吉林省文物考古研究所的人员参加。在过去调查、勘测、发掘基础上，规划组先后组织全国 30 家文物保护研究机构和大专院校的 300 余位专业人员，对三峡淹没区和迁建区展开大规模调查、勘测、发掘工作，全面掌握了地下、地面文物状况，为规划编制奠定了良好的基础。在规划编制中，贯彻"保护为主、抢救第一"的方针和"重点保护、重点发掘"、"不改变文物原状（地面文物）"、"最大限度的抢救，力争把损失减少到最小"等原则，同时集思广益，先后召开了八次专家座谈会，听取意见和建议。在规划中，地下文物方面，分别采取考古发掘、考古勘探和登记建档三类保护措施，其中考古发掘又分为全面发掘、重点发掘、一般发掘和小面积发掘四个等级；地面文物（含水下）方面，分别采取原地保护、搬迁保护、留取资料三类保护措施。

长江三峡工程淹没及迁建区文物古迹保护规划于 1996 年编制完成，经专家论证通过，并经国务院三峡建委批准实施。规划成果包括总规划、分省（市）规划、区县规划和专题规划，共计 32 本，280 万字；规划实施保护项目 1087 项，其中地下文物 723 项，地面文物 364 项。长江三峡工程淹没及迁建区文物古迹保护规划是我国在大型工程中，系统编制的第一部文物保护规划，对我国文物保护事业的发展，具有重要的现实意义和深远的历史意义。该项规划成果已于 2010 年由中国三峡出版社正式出版。

三、保护规划的实施

三峡工程于 1994 年正式动工，2009 年如期建成。工程分四期蓄水，文物保护工作要在各期蓄水前完成相应文物保护项目。同时，重点项目由于工作复杂，周期长，范围广，必须提前开展，如地下文物方面的双堰塘、中坝、李家坝、云阳旧县坪、巴东旧县坪、明月坝等遗址；地面文物（含水下）方面的白鹤梁、张桓侯庙、石宝寨、大昌民居、新滩民居等，需同步推进，才能保证保护工作如期完成。

湖北库区从 1995 年投入工作，重庆库区（1997 年重庆成为直辖市，四川库区归属重庆市管辖）从 1997 年投入工作。一省一市均成立了领导小组，下设办公室，在国家文物局领导下，组织全国文物考古机构支援三峡工程文物保护工作。重庆库区由于任务重，市人民政府还专门聘请文物保护专家，成立专家顾问组指导工作。各文物考古队伍进驻工地，克服困难，战酷暑，斗严寒，全身心投入，许多队伍春节都不回家，坚持抢救工作。终于在 2008 年 6 月底，超额完成文物保护规划任务，保证三峡工程 2009 年汛后试验性蓄水至 175 米正常蓄水位的需要。

三峡库区实际文物保护项目达到 1128 项，超出规划项目数 3.77%。出土文物 25 万余件套，其中较珍贵文物 6 万余件套。地面文物 364 项，其中搬迁复建 132 项，原地保护文物 62 项，留取资料 169 项，仿古新建 1 项。对于搬迁保护的地面文物，在沿江各区县设置文物搬迁复建区，形成新的文物保护区和旅游风景区，使三峡文物得到有效保护和合理利用。

四、主要收获和成果

三峡工程文物保护工作取得巨大的收获和成果。现分为地下文物、地面文物、博物馆和文物搬迁复建区略述之。同时已出版发掘报告 70 余部，还出版多部专题研究、学术讨论会论文集。过去地面文物的修缮、搬迁、勘测，均未出版报告，是很大的缺失。而在三峡工程文物保护工作中，要求出版报告，是十分必要的。现已出版 4 部，是可喜的开端。

（一）地下文物

地下文物的种类有居住址、城址、墓葬群和冶铸遗址、盐业遗址、陶瓷窑址等，按时代略述如下。

三峡地区的旧石器文化包括古人类、古脊椎动物地点，过去知之甚少。现已发现 70 余处，其中 20 余处经过系统发掘，建立了从旧石器文化早期至晚期年代学框架。丰都烟墩堡遗址是三峡地区旧石器文化早期遗址，距今 73 万年左右。丰都高家镇遗址属旧石器文化中期遗址，距今约 10 万—

5 万年。总体可归为我国南方旧石器文化系统。有的遗址出现带有北方地区旧石器传统的小型石器，这对研究古人类群体迁徙移动、文化交流提供了重要线索。

三峡地区的新石器文化大约距今 8000—4000 年，在发现的近百处遗址中，大体以瞿塘峡为界，其以东以西分属不同的考古学文化系统，这可能与瞿塘峡山陡水急形成天然屏障有关。以东地区过去工作较多，如发现大溪文化，发展脉络较为清晰，总体可纳入以江汉平原为中心的考古学文化区系。三峡工程中新发现的巴东楠木园遗址年代与城背溪文化相近，秭归柳林溪遗址年代要晚于楠木园遗址，但均有自身特点，它们与城背溪文化、大溪文化的关系及其分布范围还要进一步研究。瞿塘峡以西地区，即渝东地区，过去几乎是空白，经过多年的工作，大体建立了新石器文化年代学框架，是该地区新石器文化的重大突破。早在规划阶段即发现老关庙遗址，并先后发现年代早的丰都玉溪遗址和年代稍晚的丰都玉溪坪遗址，以及忠县哨棚嘴遗址、中坝遗址、巫山魏家梁子遗址，可将该区新石器文化分为早中晚三期。目前，在考古学文化内涵、特征、命名上虽有不同意见和争议，相信随着资料的公布和讨论研究，认识会逐步趋于一致。

夏商周时期的峡江地区是古代巴人的主要活动区域，巴族、巴国、巴文化的探索是三峡工程文物保护工作的重点课题。发现商周时期可能与巴人有关的遗址百余处，这些遗址相当于商至秦灭巴蜀前后的不同时期，其陶器、青铜器确有自己的特征，特别是在巫山至涪陵间发现的如巫山双堰塘、云阳李家坝、开县余家坝、忠县中坝、万州中坝子、涪陵小田溪等多处大型遗址和墓地，提供了极为丰富的资料，对巴文化的认识取得突破性的进展和重大收获。这时期的考古资料还显示巴、楚、秦文化变化的格局。

秦汉及其以后时期发现 300 多处遗址和墓地。秦汉时期三峡地区文化虽有地方特点，但已逐步纳入中原汉文化大格局之中。秦设巴郡，汉承秦制。云阳旧县坪遗址由于发现"汉巴郡朐忍令景君"颂德碑，从而确认该遗址为汉朐忍县故址。城址内发现秦汉时期的铸铜遗址、竹简、木牍、衙署遗址。遗址两侧的墓地，应是该城址的墓葬区。这时期的重要发现还有丰都槽房沟墓地出土的东汉延光四年（公元 125 年）的铜佛像。大量秦汉至六朝墓葬的发现，说明这一时期人口增加，经济繁荣稳定，多为砖室墓，而崖墓、悬棺葬具有地方特点。三国时期这里的蜀汉墓虽然沿用东汉的埋葬习俗，但也有自己的特点。忠县发掘的乌杨阙和花灯坟墓地，为石阙和墓葬的关系增添了新的例证。白帝城遗址六朝时期的山城、唐代遗迹、南宋抗元山城、云阳明月坝唐代集镇、早前发现的唐代冉仁才墓、宋代巴东县城、明代东门头城址，均是历史时期考古的重要收获。同时，对古代盐业、冶炼业（含锌矿）、陶瓷业的发掘和研究，并开展多学科研究，都具有重要意义。

（二）地面文物（含水下）

三峡工程的地面文物（含水下）种类有石阙、宗教建筑、民居建筑、石质文物、水文石刻、古桥梁、古代航运交通遗迹等。其中最著名的四大单列保护项目中白鹤梁水下石刻、石宝寨为原地保护，张桓侯庙为搬迁保护，屈原祠为仿古新建项目。

三峡库区最古老的地面文物是忠县的汉代丁房阙和无铭阙，两者均是全国重点文物保护单位，现已迁至忠县白公祠展示。

三峡库区有数十处宗教和祠庙建筑，其中有佛教寺庙、道家寺观、民间神祇庙堂、宗祠及天主教堂、伊斯兰清真寺，还有纪念历史人物的祠庙如屈原祠、张桓侯庙，祭祀水神的江渎庙、水府庙、王爷庙。这些寺庙建筑具有地方特色，在构筑技术、工艺及装饰艺术方面代表了当地建筑的最高水准。除忠县石宝寨等原地保护外，多采取搬迁保护。

三峡库区涉及民居百余处，包括街区、古镇、老屋群及单体建筑。穿斗式民居是最常见的建筑形式，建筑多带二层阁楼，有的呈吊脚楼形式。著名的巫山大昌镇已整体搬迁至大宁河北岸的西包岭展示开放；秭归新滩镇的江渎庙和民居群也搬迁至新县城附近的凤凰山展示开放。

石刻文物包括阙、塔、牌坊、桥梁、摩崖造像、石刻题记等。丰富的石刻题记、摩崖造像多采取原地保护。著名的瞿塘峡石刻是三峡一道靓丽的文化景观，从宋代直到民国，其中如《皇宋中兴圣德颂（公元1171年）》等四款切割搬迁保护，其余八款采取加固措施原地保护。

水文石刻是三峡独特的历史文化，水涨水落与当地人民生活息息相关。枯水石刻有著名的涪陵白鹤梁、云阳龙脊石、丰都龙床石等，记录从唐代以来长江枯水时期的科学水文资料。涪陵白鹤梁已建成水下博物馆，云阳龙脊石已进行复制供人参观。宋代以来记录洪水的水文石刻也很丰富，留存至今的洪水题刻有23个年份，最早的为宋代绍兴二十三年（公元1153年），最近的为1948年。这些石刻不仅有文物价值，同时具有科学和应用价值。

长江自古以来是水上交通运输通道，由于江水湍急及险滩也给航运带来困难，古代先民积累多种办法克服困难，留下许多遗迹，如标定险滩位置的石刻；秭归"对我来"题刻提示行船避免触礁。洪水季节航行中断，在两岸绝壁开凿栈道，以便通行，著名的有瞿塘峡、大宁河、偷水孔、孟良梯栈道。纤道是为纤夫逆水牵引舟船开辟的通道。栈道和纤道都是古代人民与大自然斗争的记录，一般采用原地保护，或留取资料，有的栈道采取复建供民众参观。除水路交通，陆路交通多靠桥梁沟通。三峡地区有拱桥、梁桥和廊桥，多为石桥，颇具特色，如龙门桥采用搬迁保护，安澜桥采用原地保护。

（三）博物馆和文物搬迁复建区

三峡文物保护工程中出土了大量的珍贵文物，为保护、利用这批文物，必然会促进博物馆的建设。早在20世纪90年代编制的规划报告中，即对博物馆建设编制了专项规划。

2005年6月，重庆中国三峡博物馆落成并对外开放。2009年，白鹤梁水下博物馆落成，是原址保存的记录千年以来的枯水石刻的博物馆。宜昌博物馆新馆主体工程也已落成。近些年来，陆续建成开放的博物馆还有兴山民俗博物馆、巫山博物馆、夔州博物馆、重庆三峡移民纪念馆、开州博物馆、忠州博物馆、云阳博物馆等，这些博物馆集保存、研究、展示于一体，免费对公众开放，成为当地爱国主义教育基地。还有一些博物馆，如丰都博物馆、巫溪博物馆、石柱博物馆、长寿博物馆等，正在建设中。不久，三峡库区将实现各区县均有博物馆。

在三峡工程淹没区，一批地面文物将被淹没，包括宗教建筑、石质文物、古民居、古桥梁、古城墙等 132 项，需要搬迁保护。根据属地管理和"集中复建，统一管理"原则，各区县的搬迁文物均在本区县内选择适当地点，统一规划复建，形成了秭归凤凰山古建筑群、巴东狮子包古建筑群、兴山古夫民居、巫山江东嘴文物复建区、夔州古城文化博览园、云阳青龙古建筑群、丰都小官山古建筑群、忠县文化生态保护区等文物搬迁复建区，成为三峡地区新的文化景点，供公众参观游览。

五、基本经验

三峡工程是我国最大的跨世纪的水利工程，同时也是我国最大的文物保护工程。三峡工程中的文物保护工作如前所述，取得令人瞩目的收获和成果。回顾 20 多年的工作经历，总结其基本经验，是十分必要的，有利于今后的文物保护工作。

（1）首先要做好工程范围内文物勘测、调查，了解地下地面文物的种类、性质、年代、数量（范围）、保存状况，这是做好文物保护工作的前提。从 20 世纪 50 年代兴建三峡水库动议以来，有关文物考古机构做了不少工作，但远不够全面和深入。兴建三峡水库决策之后，对三峡工程淹没区及迁建区进行了大规模的调查、勘测和局部发掘，基本查清了文物点的情况。

（2）实行"先规划，后实施"的原则，编制一部切实可行的科学的文物保护规划，是做好三峡文物保护工作的基础。在过去的基本建设工程中，未正式编制过大型文物保护规划。在三峡工程十几年中，如何做好文物保护规划，是一项新课题。在调查、勘测、局部发掘汇集各项资料基础上，依据《文物保护法》的各项规定和"保护为主、抢救第一、合理利用、加强管理"的方针，根据文物本身的价值和保存状况，拟定其重要性次序，提出不同的保护措施，按照行政区域和类别，分别制定了分县（区）规划、专题规划、分省（市）规划和总规划，以及分年度计划。为文物保护的实施提供了遵循的依据。

（3）集中全国力量，高质量地完成三峡工程文物保护各项工作。在国家文物局及湖北省、重庆市文物局的组织和协调下，中央和 20 多个省、市、区的 225 所文物考古机构、大专院校的数千名文物考古工作者，开赴三峡工程文物保护现场，按照规划设置的项目和课题，实施多学科协作，奋勇忘我工作，保证文物保护工作任务超前全面完成。

（4）加强学术课题研究。在规划文本中，将地下文物和地面文物分为旧石器时代遗存（含古脊椎动物化石）、新石器时代遗存、夏商周时期遗存、秦汉以及以后遗存、汉代石阙、宗教建筑、民居建筑、石质文物、水文石刻、古桥梁、交通航运 11 大类别，逐类逐项进行文物价值评估，用于规划的具体制定。在每项评估中还提出了进一步研究的学术课题，并在工作过程设置学术课题，通过申请立项，拨付经费予以实施。同时，提倡多学科协作，以便取得更多的资料和信息，通过实际工作提高了学术和科研水平，培养了人才。

（5）地下文物考古实行领队负责制，对一个项目领队要负责到底，直到出版报告。忠县中坝遗址、云阳李家坝遗址都是工作6—7年的大型遗址，坚持一位领队负责，既有利于出成果，也有利于出人才。针对不同遗址，选择合适领队，在取得领队资格的人员中，其学术水平不同，特别是大型遗址一定要选好合适领队，这是保证学术任务完成的关键。

（6）在实践中逐步建立了一套适合于三峡文物保护工作的管理办法和制度。文物保护项目首次实行项目法人制、项目合同制、工程招标制、工程监理制、质量终身责任制、评审验收制等，对文物保护项目经费管理、验收、文物安全、文物交接、资料档案等都形成了一套有章可循的严格的管理制度，为今后大型工程中的文物保护工作提供了宝贵经验。

（7）加强组织领导、工作协调和过程管理。由国务院三峡办和国家文物局领导，会同专家组，每年对工地现场进行检查，考查工作进度、质量、课题完成情况，研究解决有关问题，同时也增进了双方领导的合作与交流。按照国务院三峡办和国家文物局的要求，开展三峡文物保护的综合监理工作，强化过程监督和实施管理。

（8）加强宣传贯彻《文物保护法》，增强队伍内部、工程部门、移民部门、各级政府和人民群众的文物保护意识，是做好三峡文物保护工作的可靠保证。

总之，三峡文物保护工作积累的丰富经验，需进一步全面深入总结。工作不足之处也需总结，引为借鉴。

今后还需进一步做好三峡文物保护工作，如消落区文物的抢救发掘，文物保护设施的进一步完善，已复建的景区进一步优化内容和环境，有条件的区县建设博物馆等，使三峡文物更多地供人民群众参观游览，丰富人民群众文化生活。对三峡文物保护的丰富成果资料，要进一步全面深入研究，持续推进三峡文物保护工作的深入开展，使三峡文物为中华民族伟大复兴做出更多的贡献。

目 录

前　言

三峡地下文物保护

旧石器时代 ·· / 011

新石器时代 ·· / 015

夏商周时期 ·· / 053

秦汉至六朝时期 ··· / 173

唐宋时期 ·· / 303

元明清时期 ·· / 363

三峡地面文物保护

重点保护项目 ··· / 397

重要保护项目 ··· / 419

宗教建筑 ·· / 439

古代民居建筑 ··· / 447

石质文物 ·· / 461

古代桥梁 ·· / 471

古代栈道与纤道 ·· / 477

其他文物 ··· / 481

三峡博物馆和文物搬迁复建区建设

博物馆建设 ·· / 499

文物搬迁复建区建设 ·· / 515

三峡文物保护大事记 ·· / 528

后　记 ··· / 539

三峡　地下文物保护

三 峡 地 下 文 物 保 护

—— 王仁湘 ——

三峡工程中地下文物规划实施项目 723 项，最终完成 764 项，比规划任务多完成 41 项（含消落区 13 项）。发掘面积 178.846 万平方米，勘探面积 1281.54 万平方米，出土文物 25 万余件套，其中较珍贵文物 6 万余件套。地下文物保护种类有墓葬群、城址、居住址、冶铸址、窑址和制盐遗迹等。

旧石器和新石器时代文化、巴文化、楚文化、中原文化、古代文化水上通道，这就是三峡地下文化遗产。通过 20 余年的连续考古工作，三峡历史文化面貌得到集中揭示。三峡发现数十处旧石器遗址和古生物化石地点，出土一批具有南方旧石器特征的砍砸器等。发现近百处新石器遗址，确认若干新石器文化，建立起三峡新石器文化谱系，证明三峡很早就是连接江汉与川西平原的纽带。发掘 100 多处三代时期的遗址与墓地，是解读三峡地区内外文化及巴、楚、秦关系的新资料。300 多处汉及汉以后各代遗址和墓地的发现，是三峡融入大中原文化的重要见证。

一、旧石器时代

三峡地区位于长江上游向中游的过渡地带，是第四纪人类和动物南北迁移的重要通道，这里很早就被认为是古人类起源和文化发展的重要区域。19 世纪下半叶有一些进入西南的外国传教士和探险家，如布朗（J. C. Brown）和贝伯（E. C. Baber）等，分别在重庆地区发现一些石器。20 世纪初美国传教士 J. H. Edgar 在三峡采集石制品，后来中国学者杨钟健等也曾在三峡地区考察，采集到一些石制品。

在三峡文物保护实施工作中，三峡沿江两岸共发现旧石器遗存及古人类与古脊椎动物化石地点 74 处，出土大量动物化石与人类化石等。有 20 余处地点进行了系统发掘，出土万余件石制品和动物化石，为研究更新世古人类在三峡地区的生存方式和技术发展提供了珍贵资料。

一系列发现表明古人类自中更新世以来一直在长江两岸活动，河流阶地形成的冲积扇和冲积平原提供了理想的生活环境，岩溶洞穴提供了栖息地，河床上的卵石和洞穴周围的岩石为制作石器提供了丰富的原料。

三峡地区旧石器工业是一个包含石锤、石核、石片和石器以石核和石片为主体的组合。石制品原料主要为河流阶地底部磨圆度较高的河卵石，石制品个体较大，剥片技术采用硬锤直接锤击法。石器类型主要为刮削器和尖状器，多数为向石片毛坯的背面单向修理而成。

三峡地区发现的古人类化石初步认定为早期智人（archaic Homo sapiens）或晚期智人（H. sapiens）。奉节兴隆洞遗址出土人科化石、石制品、剑齿象牙刻及大量哺乳动物化石，人科化石属早期智人。巫山河梁溶洞是一处保存较好的古人类遗址，出土人科化石、石制品及大量哺乳动物化石，同时还发现人类用火的灰烬痕迹，人科化石属晚期智人（modern Homo sapiens）。

丰都烟墩堡旧石器遗址年代推测为中更新世早期，属旧石器时代早期，距今 73 万年左右，是三峡地区发现的时代最早的旧石器遗址。烟墩堡的石制品具有中国南方砾石石器工业的普遍特征。丰都高家镇遗址属于旧石器时代中期遗址，距今约 10 万—5 万年。与它们同一时代的还有丰都井水湾和枣子坪遗址，发现了大量同时代的动物化石、石制品，还发现了露天石器加工场。以砾石原料打制石器，加工技术体现了我国华南和华北的双重特点，成为三峡地区自古以来是南北方文化交流通道的有力证据。

丰都冉家路口旧石器遗址的地质时代为中更新世晚期，属文化分期的旧石器时代中期。出土石制品在原料选择、打片方法、石制品大小、石器类型和修理特点等方面具有中国南方旧石器时代工业特点。

奉节横路、鱼复浦、洋安渡及三坨等处旧石器文化遗址的发现，是三峡地区由旧石器文化向新石器文化过渡的最好证明。这些遗址分布在长江二级阶地地层中，距今一万年前后，出土物仍以打制石器为主，在旧石器文化层之上发现少量陶片、磨制石器。

三峡旧石器文化遗址的发现，证明三峡地区曾经是人类早期活动和繁衍的重要场所。

二、新石器时代

1925—1926 年，美国自然史博物馆中亚探险队的纳尔逊（N. C. Nelson）等在长江三峡地区进行考古调查，在巫山发现大溪、跳石和培石等遗址。其中，以大溪遗址的发现最为重要，它导致了 30 多年后的大规模发掘。

1957 年，四川省博物馆派出川东调查小组，赴三峡沿岸八县市进行调查，发现了一些新石器遗址线索。1958 年为配合拟议中的三峡水利工程建设，四川省相关部门和机构又组织了庞大调查队进入三峡，调查了百余处古文化遗址和墓群，发现了一些新石器遗址线索。

1959 年，四川省长江流域文物保护委员会文物考古队发掘了巫山大溪遗址。这是西南地区新石器考古大规模发掘的首次记录，发掘获得重要成果，不久以后同类遗存被命名为大溪文化。

长江三峡工程启动后，三峡地区新石器时代考古有了新进展，对这一地区的研究是一个很大的推动。对若干重点遗址进行了较大规模的发掘，其中巴东楠木园、秭归柳林溪、宜昌中堡岛和杨家湾、巫山魏家梁子、奉节老关庙、忠县忠坝和哨棚嘴、丰都玉溪和玉溪坪等遗址的发掘最为引人注目，对这一地区新石器文化的面貌获得了全新认识。

三峡地区重庆境内的新石器文化遗存，一直都很受关注，已有的线索非常重要。这一地区发现的新石器文化遗存多属新石器时代晚期，与中原龙山文化年代大体相当，年代更早的遗存面貌还不清晰。在发现的近百处遗址中，大体以瞿塘峡为界，东西两地区分属不同的考古学文化系统，这应与峡谷地形山陡水急形成的天然屏障有关。以东地区过去工作较多，距今8000—4000年前的文化发展脉络较为清晰，虽表现有一些地方特点，总体可纳入以江汉平原为中心的考古学文化区系。以农业经济为主，渔猎也占相当比重。瞿塘峡以西地区，其新石器文化过去几乎是空白状态。丰都玉溪遗址的发现，将本地区新石器文化的年代推至距今7000年以前。而玉溪坪遗址发现约当距今5500—4500年之间的遗存，都是前所未有的重要收获。更晚的是另一种新石器晚期文化哨棚嘴（下层）文化，距今约4000年。这几类遗存缺乏农业生产工具，似以渔猎经济为主。在玉溪和玉溪坪遗存之间，尚有较大的年代距离，对于其间的缺环，还需进一步工作。

奉节老关庙、忠县中坝、哨棚嘴等一系列遗址所展示的面貌，反映出三峡地区新石器时代较强的地方特点，文化联系更趋向西部的成都平原。

对三峡地区晚期新石器文化的命名问题还有较大分歧，有的称为魏家梁子文化，有的名为老关庙文化，也有的建议命名为瀋井沟文化。作为一个文化命名的条件似乎还没有完全成熟，暂时可统称为三峡地区晚期新石器文化。

魏家梁子遗址位于巫山大宁河岸边一处坡地上，面积约1500平方米。遗址面积虽然不大，但文化堆积较好，可分早晚两期，都属晚期新石器文化。

锁龙遗址位于巫山瞿塘峡东口外长江南岸的二级阶地上，面积约6万平方米。遗址堆积分早晚两期，都属晚期新石器文化。

老关庙遗址位于奉节瞿塘峡西口草堂河与长江交汇处的台地上，面积约4000平方米。前两次发掘没有见到原生堆积，第三次发掘在遗址的第4层发现了晚期新石器文化的原生堆积。

哨棚嘴遗址位于忠县瀋井沟与长江交汇处的台地上，面积约3000平方米。遗址堆积分为若干期，第一期属晚期新石器文化，堆积厚达2米以上。

魏家梁子、锁龙、老官庙、哨棚嘴等遗址一般都分布在巫山至重庆一线三峡沿江及其支流两岸的台地上，大体在较大的洪水线以上位置。遗址多依山傍水，面积以小型为主，所处地势也并不都很平坦，有的就在稍平缓的山坡上。

三峡地区晚期新石器文化陶器手制轮修，多夹砂红褐陶，器表多饰绳纹和压划纹，器物口沿往往加厚并制成花边形。多见平底器和圈足器，主要器形有罐、钵、盆和豆等。石器中除磨制石器外，打制石器也占相当比例。

重庆区域三峡晚期新石器文化的年代，目前还没有^{14}C测定数据。由于它的文化特征与宝墩文化比较接近，所以一般认为两者的年代大体相当，年代大约处于公元前2000年前后，处在中原龙山文化晚期年代范围内。

三峡东部区域除发现已经确立的城背溪、大溪和屈家岭文化相关遗存外，新发现的还有楠木园和柳林溪文化。在距今 7000 年前，城背溪文化已经进入峡东区域，西陵峡中部路家河、朝天嘴和窝棚墩遗址发现了这个时期的遗存，接着出现的是楠木园文化。距今 7000 年后，继之而起的是柳林溪文化，以秭归柳林溪和宜昌杨家湾遗址的发现为代表。这两个遗址出土的大量陶器刻划符号，为早期文字起源的研究提供了重要论据。

三峡东部地区共发现新石器时代遗址 100 余处，自新石器时代早期至末期发展序列比较清晰。属于城背溪文化新石器时代早期遗存的遗址主要有秭归朝天嘴、柳林溪、宜昌路家河、三斗坪、伍相庙、窝棚墩、杨家嘴等遗址近 30 处。属于大溪文化的遗址有秭归朝天嘴（二期文化）、龚家大沟、柳林溪、长府沱、宜昌中堡岛、杨家湾、伍相庙、黄土包、三斗坪、黄陵庙、清水滩、白狮湾等，以中堡岛遗址的发现最为重要。

中堡岛全岛都有古文化遗迹分布，下层堆积属大溪文化，主要遗迹有沟槽、柱洞、灰坑、墓葬和乱葬坑等。出土石器主要有斧、锛、凿、球、锄、铲、雕刻器、盘状器、砍砸器、刀、敲砸器、杵、镞、尖状器、纺轮、砺石等，以打制石器为主，石器原料系采自河滩的砾石。陶器主要有釜、圈足盘、圈足碗、平底盘、曲腹杯、筒形瓶、器盖、器座、陶球、支座等，以红陶为主，有少量彩陶。

三峡东部发现的新石器时代晚期屈家岭文化遗址主要有宜昌中堡岛、杨家湾、青水滩、望洲坪、秭归官庄坪，文化特征与江汉地区接近。中堡岛遗址清理出一批屈家岭文化器物坑，出土陶器、石器、玉器等 1000 余件，有圈足杯、双腹豆、双腹碗、盂形器、斜壁杯、弧壁平底杯、细颈壶、器盖、杯、纺轮等陶器，石器有磨制精致的锛、凿、斧、环等，还发现璜、环、镯等玉器。

三峡东部发现含有石家河文化遗存的有宜昌下岸、白庙、秭归柳林溪、卜庄河、官庄河遗址等，它被有些研究者认作是巴文化的一个重要来源。

三、夏商周时期

三峡地区是古代巴人的主要活动区域，巴族、巴国和巴文化的探索是峡区考古的重点课题。巴族在商周时期建立了巴国，主要活动于鄂西、渝东和川东北一带，至公元前 316 年为秦所灭。巴族和巴国的历史研究主要依靠考古学，在三峡地区发现相当于商周时期可能与巴人有关的遗址 100 余处，在巫山至涪陵之间发现若干大型遗址，为进一步探索巴文化奠定了坚实的基础。

在三峡东部发现的与中原龙山文化晚期和二里头文化相当的考古学文化，是白庙文化类型。后来兴起的以秭归朝天嘴遗址为代表的文化大体相当于中原二里岗至殷墟前期的商文化时期，与三星堆文化有一定的关系。再后来是路家河文化，一直由商延续到西周时段。

重庆万州中坝子、涪陵蔺市、镇安等遗址都反映了当地考古学文化和东西两端的江汉平原、成都平原考古学文化既有联系又存在差别的特点，同时也表明三峡地区在东西方文化交流中所处的位置。就考古学文化因素的表现分析，三峡地区这一阶段的考古学文化和成都平原的三星堆文化具有较多的共性，但两者的关系还有待于进一步研究。

经历了夏商时期的发展，大约到了西周阶段，三峡地区的考古学文化已显示了鲜明的地方特征。巫山双堰塘、忠县中坝等遗址的发现就是如此，应属早期巴文化遗存。

进入东周时期，已经十分成熟的巴文化不断发展着自己的风格和特色，云阳李家坝、开县余家坝、巴东团包等一系列巴人墓葬将巴文化原本面貌展现出来。

后来楚人开始不断向三峡地区扩张，楚文化的西界也不断向三峡西部延伸。在干流地区，明确的楚人墓葬已达忠县、丰都一带，考古发现展示出三峡地区战国晚期巴、楚、秦文化的格局与变化脉络。

四、秦汉至六朝时期

秦汉时期，三峡地区考古学文化的发展已融入中原大格局之中。汉代遗存分布普遍而密集，大量汉墓和一批大型遗址的发现，标志三峡地区文化进入鼎盛发展时期。

经过秦统一的融合，三峡地区文化虽保留有一些地方特点，但已逐步纳入中原汉文化体系之中。秦设巴郡，汉承秦制。西汉前期还有较多的地方因素，西汉后期以后地方因素则逐渐减少。云阳旧县坪遗址发现秦简和铸铜作坊址，出土"汉巴郡朐忍令景君"颂德碑，可推定为汉代的朐忍县城，同时还发现了墓葬区。

发现秦汉至六朝时期大量的墓葬，丰都汇南和槽房沟、巫山麦沱、宜昌前坪近 300 处墓地，有的墓地规模很大，说明这一时期人口增加，经济繁荣稳定。墓葬多为砖室墓，而崖墓和悬棺葬表现有鲜明的地方特点。墓中出土大量陶俑及精美器物，是研究社会生活与文化艺术的生动资料。丰都槽房沟墓地出土东汉延光四年（公元 125 年）铜佛像，是国内所见最早的纪年佛像。

三国鼎立时期，三峡地区大部分属蜀国辖境。忠县涂井崖墓的发现，是蜀汉考古断代研究的重要标尺。忠县花灯坟等自东汉晚期起延续的世家大族的家族墓地，也是三峡地区考古的重要收获。

蜀汉之后三峡地区进入相对平静的发展阶段。六朝考古所反映的内涵虽然基本是前一阶段的延续，但无论从墓葬规模还是随葬品数量，都比不上两汉时代。值得关注的是一批青瓷器的发现，三峡地区六朝墓葬随葬的青瓷器与下江地区特点比较一致，表明两个区域之间有着密切的文化交往。

五、唐宋至明清时期

隋唐时期三峡地区的发展比较稳定。唐宋时期的许多诗人在三峡留下许多名篇，从不同的角度反映出这一区域当时的社会与文化状况。考古多集中在重要墓葬的发掘，有一些重要发现。奉节唐代夔州城遗址和云阳明月坝唐代集镇的发掘，填补了这一历史时期考古的一项空白。

巴东旧县坪遗址的发掘基本完整地揭露出宋代巴东县治，这也是我国目前唯一经大面积考古发掘的宋代县城遗址。奉节白帝城发现抗元山城遗址，也是重要的历史见证。

明清时期地下文物抢救保护工作的重要收获，还有丰都沿江一系列冶锌遗迹的发现和确认。这是我国第一次发现古代冶锌遗存，不仅填补了我国冶金史的空白，而且在世界冶锌技术的起源和发展研究中也具有十分重要的意义。

明清时期其他考古工作主要是清理了一批普通居民的墓葬，出土大量富有特色的文物。

古代盐业遗址的发掘清理也是三峡地区考古的重要收获，云阳云安盐场白兔井遗址就有很重要的发现。

三峡地区历史悠久，人文荟萃，是世界上罕见的沿江文化走廊，是我国远古文化的发祥地之一。三峡库区的地下文物保护工作，极大地推进了三峡地区古代文明的发现与研究，全面揭示了三峡地区从史前到明清时期的文化发展序列，通过实物遗存构建了三峡地区的发展历史，文物资源的利用有力推动了三峡库区经济社会和文化的全面发展。

巴东旧县坪遗址

三峡地下文物保护

巫山双堰塘遗址

巴东楠木园遗址

奉节鱼复浦遗址

秭归官庄坪遗址

云阳明月坝遗址

云阳旧县坪遗址

三 峡 地 下 文 物 保 护

旧石器时代

　　三峡地区是古人类文化起源演化和第四纪哺乳动物演变的重要区域。在三峡文物保护实施工作中，峡江两岸发现旧石器遗址或地点、古人类化石点和哺乳动物化石点等74处，出土大量动物化石与人类化石等。经过多年发掘工作，研究者认为峡江地区旧石器时代遗址具有以下特征：一是分布宽，既有沿江的密集分布也有山区的零星点缀；二是类型多，既有洞穴遗址也有旷野遗址；三是文化遗物种类多样，既有数以万计的石器和哺乳动物化石，也有少量人类化石及骨角牙器；四是遗址时代框架连续，横跨旧石器时代早、中、晚期。

　　目前发掘出土的三峡地区的旧石器文化基本属于南方砾石工业体系。打片的主要方法是锤击法和砸击法。石器类型单调，以砍砸器为主，并有少量刮削器。石器加工粗糙、简单，多以砾石和石核为毛坯。这一时期比较重要的遗址有奉节兴隆洞遗址、横路遗址、鱼复浦遗址、洋安渡遗址、三坨遗址、丰都烟墩堡遗址、冉家路口遗址等。

石片石器

旧石器时代
高 4.8 厘米，长 2.9 厘米，宽 1.5 厘米
丰都烟墩堡遗址出土
重庆中国三峡博物馆藏

　　原料岩性为石英岩，锤击法剥片，石片特征不明显，修理台面，腹面较平坦，背面全疤，远端聚拢成尖，局部残断。石片周身基本不见明显修理疤，仅在右侧边靠近近端处打击形成一凹缺。

石核

旧石器时代
高 18.5 厘米，长 12 厘米，宽 6 厘米
丰都烟墩堡遗址出土
重庆中国三峡博物馆藏

　　原料岩性为石英砂岩，以扁平砾石平坦面向另一面打击剥片，仅剥片一次，剥片后剥片疤在砾石上形成一个凹缺，凹缺内有细碎连续片疤，应为剥片后再次修理或使用所致，故该文物可视为凹刃砍砸器。

尖状器

旧石器时代
高 7.1 厘米，长 5.9 厘米，宽 1.4 厘米
丰都烟墩堡遗址出土
重庆中国三峡博物馆藏

　　原料岩性为石英岩，以石片为毛坯，石片特征明显，自然台面，打击点、放射线清楚，腹面较平坦，背面微鼓。石片远端和右侧边修理夹成一尖角，尖角约90°，可作为尖状器。另在石片远端单向加工出一内凹刃缘，亦可作为凹刃刮削器。因此该石器可视为一器两用工具。

丰都井水湾遗址出土石器

丰都高家镇遗址出土石器

新石器时代

　　经过十多年的三峡考古，峡江地区新石器文化的序列已经基本建立。大约在距今8000年的代表性遗址是巴东楠木园遗址和丰都玉溪遗址。大约从距今6000年开始，三峡地区明确以瞿塘峡为界，形成东、西两大系统的文化。东部地区文化表现出与长江中游地区古代文化明显的联系，先后经历了"城背溪文化—大溪文化—屈家岭文化—石家河文化"的发展序列，其中大溪文化以黑皮陶为主要特色，流行圈足器、圆底器，典型器物有圈足碗、大圈足盘、筒形瓶、圆底釜和猪嘴形支座等。而西部地区似乎自成体系，先后经历了"玉溪下层文化—玉溪上层文化—玉溪坪文化—中坝文化"的发展序列。在文化内涵上，玉溪下层文化以夹砂圆底器为主，器类主要为釜、罐、碗、盆、钵、杯、器盖等；玉溪上层文化以平底器为主，典型器物有敛口平底钵、小口高领壶、敞口筒腹缸等；玉溪坪文化常见陶器为重唇高领壶、卷沿罐、夹砂折沿深腹罐、折盘口罐等，模印太阳纹是该文化中颇具特色的装饰纹样；中坝文化流行器物口部装饰风格粗犷的花边，器形主要有大口筒腹小底缸、尖底缸、曲盘口罐、大圈足盘等。

　　峡江地区的新石器文化是中国史前文化系统的重要组成部分，在长江流域占有十分重要的地位，在研究中国新石器文化板块构成、东西交流中具有独特的价值。峡江地区共发现新石器遗址近百处，这些遗址所揭露出来的文化内涵对于研究长江上游与中游地区的文化关系、了解中原文化对于这一地区的影响有重要价值。

太阳人石刻

新石器时代
长 115 厘米，宽 20 厘米，厚 12 厘米
秭归东门头遗址采集

石板上阴刻线条简洁的人像，人像腰部两旁分别刻划星辰，头上方刻划有 23 道光芒的太阳。

石龟

新石器时代
长 6.1 厘米，高 2.17 厘米
巫山人民医院遗址出土
重庆中国三峡博物馆藏

　　挂饰，黑色龟形片状，胎体较厚，切割三角嘴，双眼钻孔，背部切割有等距离凹槽，龟身一穿孔便于佩挂，形态朴拙。

三峡文物保护

石钺

新石器时代大溪文化
高 12.1 厘米，宽 10.3 厘米
巫山人民医院遗址出土
重庆中国三峡博物馆藏

　　整体形制规整、对称，通体磨制，刃部经过仔细开锋磨制呈圆弧形，双面中锋。器身中部有一对钻穿孔，一侧边有两个片疤组成的小凹缺，应为装柄固定特意而为。在器身尾端有不均匀连续片疤，似为使用崩疤。

石钺

新石器时代中坝文化
长 21.9 厘米，宽 13 厘米
奉节老关庙遗址出土
重庆中国三峡博物馆藏

　　整体形制规整、对称，略呈长方形，刃部略宽于两侧边，通体磨制，顶端中部有一单向钻孔，刃部经过仔细磨制，磨痕清晰，双面偏锋，刃缘平直，刃缘处有细碎崩疤，似为使用所致。

绿松石坠

新石器时代
长 3 厘米，宽 1.77 厘米；
长 3.48 厘米，宽 2 厘米；
长 3.98 厘米，宽 1.09 厘米；
长 5.02 厘米，宽 2.42 厘米；
长 3.29 厘米，宽 1.47 厘米
巫山大溪遗址出土
重庆中国三峡博物馆藏

　　佩挂饰，均呈蓝绿色，质地细腻，部分有褐色斑点或黑色线状褐矿或其他氧化铁包裹物，其中一件有损，断口为粒状。大小不等，呈不规则棒形或扁体梯形，顶端均有一钻孔，可成串。

石钺

新石器时代城背溪文化
长 10 厘米，宽 7.5 厘米，孔径 0.6 厘米
秭归朝天嘴遗址出土
宜昌博物馆藏

　　磨制较精。平面呈圆角梯形，孔为两面对钻。

三
峡
文
物
保
护

石雕人像

新石器时代柳林溪文化
高 4.5 厘米，宽 1.9 厘米
秭归柳林溪遗址出土

　　黑色石料圆雕人像。人像蹲坐于圆形底盘之上，双足合拢，膝拱起，双肘支膝，头顶近平，上有双歧形装饰，旁侧有一道刻槽，脑后有两道刻槽，腰部扁圆较细，瞠目张口，手掌和左耳残断。

石斧

新石器时代石家河文化
长 24.5 厘米，刃宽 9.5 厘米，
顶宽 6.5 厘米，中部厚 3.8 厘米
秭归卜庄河墓群出土

黄绿色。磨制。器形大，较规整，长条形，顶端有安柄用的段和琢点，刃部较锋利。

石斧

新石器时代玉溪坪文化
高 11.3 厘米，宽 5.5 厘米
丰都玉溪坪遗址出土
重庆中国三峡博物馆藏

局部磨制，加工较为简单，刃部和侧边稍做单向打制修理，后在刃部做局部磨制，形成圆弧形刃缘，磨痕清晰可见，器身其他部位利用砾石天然形态，不做加工。

三峡文物保护

石镯 新石器时代屈家岭文化
内径 5.5 厘米，外径 7.4 厘米，
宽 2.6 厘米
宜昌杨家湾遗址出土

色象牙黄泛灰色。通体磨制，局部
有砂眼凹孔。厚体环状，内直外弧，上
下面皆弧。素面。

石环 新石器时代屈家岭文化
直径 4.7 厘米
宜昌中堡岛遗址出土
宜昌博物馆藏

青灰色。横截面近圆形。内侧保留
有彩绘痕迹。

石镯 新石器时代屈家岭文化
直径 8.7 厘米
宜昌白狮湾墓葬出土
湖北省文物考古研究所藏

圆形，横截面呈长方形。

石镯　新石器时代屈家岭文化
直径 9.6 厘米
宜昌白狮湾墓葬出土
湖北省文物考古研究所藏

　　圆形，横截面外弧内直。出土时佩戴在左腕部。

石锛　新石器时代屈家岭文化
长 4.7 厘米，宽 3.1 厘米，厚 0.6 厘米
宜昌中堡岛遗址出土

　　红色，磨制，顶弧形。

石锄 〉 新石器时代屈家岭文化
长约 12 厘米，肩长 6 厘米，
宽 5-8.5 厘米，厚 2 厘米
宜昌中堡岛遗址出土

　　灰色。自然石打制而成，一面为自
然光平面，一面为打击疤痕，未经磨制，
器形较薄。上窄下宽，上端近方，两侧
垂直，下刃宽弧近似圆形。

石锛 〉 新石器时代屈家岭文化
长 8 厘米，宽 4.6 厘米，厚 0.8 厘米，
孔径 1.1-1.3 厘米
巴东李家湾遗址出土

　　灰色，磨制，右侧有一穿孔，单面
钻成。柄部反向加工，刃部有使用痕迹。
刃缘平视为凸刃，侧视为直刃。

石锛 〉 新石器时代屈家岭文化
长 8.7 厘米，刃宽 6.9 厘米，厚 1.5 厘米
宜昌杨家湾遗址出土

　　青灰色。扁平近梯形，弧顶为砾石
原面，两面磨平，平刃两面磨制但不对称。

石锛

新石器时代玉溪坪文化
高 9.2 厘米，宽 6.2 厘米
丰都玉溪坪遗址出土
重庆中国三峡博物馆藏

　　以石片为毛坯，石片远端作为刃缘，两侧边和近端经琢制修型，背面保留大部分砾石面，在靠近刃部处进行局部磨制，腹面均有磨制，但靠近刃部处磨制程度更深。刃缘略呈弧形，偏锋双面磨制。

石锛

新石器时代玉溪坪文化
高 10.8 厘米，宽 6.5 厘米
丰都玉溪坪遗址出土
重庆中国三峡博物馆藏

　　以长条形扁平砾石为毛坯，两侧边稍做修型磨制处理，刃部经两面磨制，凸刃偏锋，经使用后在单面形成三个崩疤。

石锛

新石器时代
高 6.5 厘米，宽 5.9 厘米
丰都玉溪坪遗址出土
重庆中国三峡博物馆藏

　　整体形制规整，略呈方形，片状毛坯，刃部略呈弧形，双面中锋，器身基本通体磨制，仅在底端局部保留少量石皮。

陶片

新石器时代
长3.5厘米，宽2厘米，厚0.4厘米
奉节鱼复浦遗址出土
重庆中国三峡博物馆藏

　　红褐陶，仅余一小片，表面饰交错绳纹，胎体夹粗砂，烧制火候较低，是目前三峡地区发现的最早陶片，时代距今7800年左右。

水稻痕陶片

新石器时代中坝文化
长8-9厘米，宽5.5厘米
云阳大地坪遗址出土
重庆中国三峡博物馆藏

　　陶色不均，器表红褐色，黑色胎体掺稻壳，内面可见清晰细密水稻痕迹。烧制火候不均。

026

彩陶瓶　新石器时代大溪文化
高 17.7 厘米
巫山大溪遗址出土
四川博物院藏

泥质红陶。长筒形，器表磨光，绘黑色平行线和绞索形纹样。

陶小口罐　新石器时代城背溪文化
口径 10.2 厘米，高 24.8 厘米
秭归朝天嘴遗址出土
宜昌博物馆藏

夹砂红陶。溜肩，垂腹，圜底。器腹饰细绳纹。

陶杯 〉 新石器时代屈家岭文化
口径 11.2-13 厘米，底径 5.1-5.6 厘米
巴东李家湾遗址出土

泥质灰褐陶。胎壁薄如蛋壳，敞口，
斜直壁，平底，口大底小。

彩陶碗

新石器时代大溪文化
高 9.9 厘米，口径 13.5 厘米
巫山大溪遗址出土
四川博物院藏

　　泥质红陶。侈口，斜直壁，外撇圈足，
器壁绘红色对三角和菱格纹，圈足涂黑。

陶圈足盘

新石器时代大溪文化
口径 20.5 厘米，高 6.2 厘米
宜昌中堡岛遗址出土
湖北省文物考古研究所藏

　　泥质红陶。敛口浅盘，斜圈足，外
壁通施红陶衣，内壁底部为黑褐色。

刻划符号

新石器时代大溪文化
宜昌杨家湾遗址出土
湖北省文物考古研究所藏

　　图案为四条篦点线和四组菱格纹相间构成的放射状纹样。

刻划符号

新石器时代大溪文化
宜昌杨家湾遗址出土
湖北省文物考古研究所藏

象形兽面或人面与平行几何纹线组合的图像。

三峡文物保护

陶球

新石器时代大溪文化
直径 5.4 厘米
巫山大溪遗址出土
四川博物院藏

　　泥质红陶，器表施红陶衣。空腔，腹内有小响石，晃动时可发出响声。上下、前后、左右均有对称的穿孔，孔之间有篦纹相连。

陶球

新石器时代大溪文化
直径 3.7 厘米
巫山人民医院遗址出土
巫山博物馆藏

　　泥质红陶。圆形，实心，表面刺点。

陶三连杯

新石器时代大溪文化
高 6.2 厘米，小杯口径 5.8 厘米
宜昌杨家湾遗址出土
湖北省文物考古研究所藏

　　泥质黑陶，喇叭形圈足上有镂孔。

陶深腹杯

新石器时代屈家岭文化
口径 8.2 厘米，高 9.5 厘米
宜昌中堡岛遗址出土
湖北省文物考古研究所藏

　　细泥黑陶。敞口，亚腰，平底，器表打磨光亮。

陶高圈足杯

新石器时代屈家岭文化
口径 8.5 厘米，高 15 厘米
宜昌中堡岛遗址出土
湖北省文物考古研究所藏

　　泥质红褐陶。筒腹，喇叭形圈足，腹壁饰多组类似竹篦的划纹。

陶杯 新石器时代屈家岭文化
口径 8 厘米，高 5.8 厘米
宜昌中堡岛遗址出土
湖北省文物考古研究所藏

泥质褐陶，薄胎，原施有陶衣。

陶圈足罐 新石器时代
口径 10.6 厘米，腹径 18 厘米，
高 12.6 厘米
巫山大溪遗址出土
重庆中国三峡博物馆藏

泥质红陶。敛口，溜肩，鼓腹，大
圈足微外撇。整体素面，轮制成形，器
表可见轮制痕。

陶簋 新石器时代大溪文化
口径 13.5 厘米，高 11 厘米
宜昌杨家湾遗址出土
湖北省文物考古研究所藏

泥质红陶。侈口、折沿、垂鼓腹、圈足。
器身施红陶衣，颈部绘黑色条纹。

陶支座 新石器时代
底径 16.8 厘米，高 20.4 厘米
巫山人民医院遗址出土
重庆中国三峡博物馆藏

夹砂红褐陶。上小下大呈马蹄形，
器表饰有规则的直线纹、戳印纹和圆圈
纹，背部有一凸棱，其上饰斜线纹。

陶支座

新石器时代大溪文化
口径 9.6 厘米，底径 16.2 厘米，
高 18 厘米
宜昌中堡岛遗址出土

夹细砂红褐陶。整体呈喇叭形，上小下大，内空，无底无盖，顶部直口，方唇，微内斜沿，口沿下饰一周圆点戳印纹，以下由四条凹弦纹组成一个相对规整的横长方形图案，图案下刻划有一条很深的竖直线，线下又饰两周凹弦纹形成一个长条芽区域，上有时断时续圆点戳印纹若干，由此至底部刻划有若干略内凹的斜线纹，底部平沿。

陶纺轮 　新石器时代
直径 5.8 厘米，高 1.2 厘米
巫山人民医院遗址出土
重庆中国三峡博物馆藏

　　夹砂红陶。呈圆饼形，边缘饰方形戳印纹。

彩陶纺轮 　新石器时代
直径 3.1 厘米
奉节老关庙遗址出土
夔州博物馆藏

　　泥质红陶。呈边缘薄中间略厚的圆饼状，正面彩绘涡旋纹。

陶支座

新石器时代大溪文化
高 17.5 厘米，底径 12 厘米
宜昌伍相庙遗址出土
湖北省文物考古研究所藏

　　粗泥红陶。歪头，圈足，如猪嘴状，
有宽桥状耳，装饰戳点和平行线纹。

陶盂形器

新石器时代屈家岭文化
口径 7.7 厘米，高 11 厘米
宜昌杨家湾遗址出土
湖北省文物考古研究所藏

　　泥质褐陶。扁腹，高圈足，圈足上
有长方形镂孔。

陶盂形器

新石器时代屈家岭文化
口径 6.8 厘米，高 11.4 厘米
宜昌中堡岛遗址出土
湖北省文物考古研究所藏

　　泥质红陶。扁腹，高圈足，圈足上
有圆形镂孔。

三峡文物保护

陶高圈足杯

新石器时代屈家岭文化
口径 7.1 厘米，足径 8.1 厘米，足高 5.8 厘米，高 12.1 厘米；
口径 8.3 厘米，足径 8.4 厘米，足高 7 厘米，高 16.5 厘米；
口径 8.9 厘米，足径 9.2 厘米，足高 6.8 厘米，高 16 厘米；
口径 7.7 厘米，足径 7.9 厘米，足高 7.3 厘米，高 14.1 厘米
巴东李家湾遗址出土

　　泥质灰陶。胎壁较薄，侈口，直腹，杯座呈喇叭状，器形
基本相同，三件圈足上有不规则形镂孔做装饰。

人面玉饰

新石器时代大溪文化
高 6 厘米
巫山大溪遗址出土
四川博物院藏

　　黑色，椭圆形，两面浮雕出相同的
人面像，上端有两个穿孔，用于佩戴。

三峡文物保护

玉璜 〉 新石器时代大溪文化
长径 11.7 厘米
巫山大溪遗址出土
四川博物院藏

　　碧玉，浅绿色。半环形，两侧上端
有穿孔，外弧侧端有浅齿牙。

玉璜 〉 新石器时代屈家岭文化
长径 10.7 厘米
宜昌白狮湾墓葬出土
湖北省文物考古研究所藏

　　碧玉，因土沁而呈黄白色。半环形，
上端内侧有穿孔，用于穿系佩藏，中部
有因断裂修复形成的两组锔孔。

玉璜

新石器时代
长 12.09 厘米，宽 2.1 厘米，厚 0.53 厘米
宜昌青鱼背墓地出土

　　玉质米黄色。中段呈长条形（微弧），两端弧形，并有对
穿圆形穿孔各一。

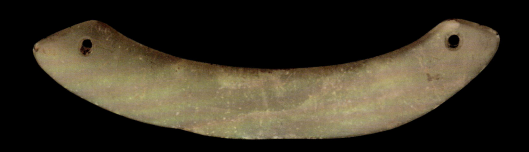

玉璜

新石器时代
长 11.33 厘米，宽 1.4 厘米，厚 0.7 厘米
宜昌青鱼背墓地出土

　　玉质米白色。长条形，两端弧呈桥形，两端各有一圆形对
穿孔。

三峡文物保护

玉璜 〉 新石器时代大溪文化
长 6.9 厘米，宽 1.74 厘米，厚 0.33 厘米
宜昌青鱼背墓地出土

玉质灰黄色。弧形，两端尖，两端各
一圆形对穿孔，穿孔处有打磨成的凹槽。

玉璜 〉 新石器时代大溪文化
长 7.2 厘米；长 10.8 厘米
宜昌杨家湾遗址出土

长条弧形，两端有穿孔。

玉璜

新石器时代屈家岭文化
长 6.8 厘米，宽 1.7 厘米；
长 11.4 厘米，宽 1.2 厘米；
长 12.1 厘米，宽 2 厘米
宜昌中堡岛遗址出土
宜昌博物馆藏

上：残璧形，横截面呈扁方形，两
端有对钻的系孔。中：青白色。鞍桥形，
横截面呈椭圆形，两端有对钻的系孔。
下：青白色。残环形，横截面呈椭圆形，
两端有对钻的系孔。

玉璜

新石器时代屈家岭文化
残长 7.4 厘米，宽 1.2 厘米；
长 9.8 厘米，宽 1.3 厘米
宜昌中堡岛遗址出土
宜昌博物馆藏

上：青白色。残环形，横截面呈
椭圆形、两端有对钻的系孔、通体抛
光。下：青白色。残环形，两端扁薄，
中部略凸，横截面呈椭圆形，两端有对
钻的系孔，通体抛光。

三峡文物保护

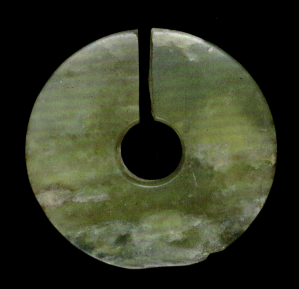

玉玦

新石器时代大溪文化
直径 4.8 厘米
巫山大溪遗址出土
四川博物院藏

　　碧玉，牙黄色。圆形，对钻孔，上端有缺。

玉玦

新石器时代大溪文化
长径 3.69 厘米，短径 3.09 厘米，
内径 1.1 厘米，厚 0.82 厘米
宜昌青鱼背墓地出土

　　玉质米黄色。外环椭圆形，内环圆形，有一长条形缺口，剖面呈长方形，内缘比外侧略厚。素面。

玉玦

新石器时代大溪文化
直径 3.98 厘米，内径 1.4 厘米，
厚 0.5 厘米
宜昌青鱼背墓地出土

　　玉质青绿色，有浅褐色沁斑。圆环形，截面呈长方形，缺口长方形。素面。

玉玦

新石器时代大溪文化

长径 3.6 厘米，短径 3 厘米；
直径 3.8 厘米

宜昌中堡岛遗址出土

湖北省文物考古研究所藏

上：略呈椭圆形，肉红色，通体抛
光，孔系两面对钻。下：青白色，有沁，
两面对钻孔。

玉环

新石器时代大溪文化

直径 8.5 厘米

巫山大溪遗址出土

四川博物院藏

碧玉，深绿色，环状，可能为戴在
腕部的装饰品

三
峡
文
物
保
护

牙贝饰

新石器时代
牙：长 8.2 厘米，宽 0.23 厘米；
长 8.21 厘米，宽 0.23 厘米；
长 11.4 厘米，宽 0.33 厘米；
长 11.4 厘米，宽 0.33 厘米；
长 9.14 厘米，宽 0.26 厘米；
长 9.6 厘米，宽 0.26 厘米
贝壳串饰：长 1.55-3.48 厘米，
宽 0.57-0.93 厘米
巫山大溪遗址出土
重庆中国三峡博物馆藏

组合佩饰，由大型动物牙齿及小型
贝壳共同组成一套佩饰。动物牙体粗壮、
尖锐，未做任何加工处理。小型贝壳磨
制精细，扁体长方形，两端有穿，成串
使用。

蚌环项链

新石器时代
20串，1000余枚。蚌环直径0.7厘米，
厚0.03-0.05厘米
巫山大溪遗址出土
重庆中国三峡博物馆藏

佩挂饰件，系若干小蚌壳制成，整
体呈黄白色，不规则圆形，每件中均有
一穿孔，可成串。

三峡文物保护

骨钏

新石器时代
高 2.99 厘米，直径 5.24 厘米
巫山大溪遗址出土
重庆中国三峡博物馆藏

臂饰，圆环形，残断后粘接，通体
打磨光滑

骨饰品

新石器时代大溪文化
直径 2.6 厘米，高 2.1 厘米
巫山人民医院遗址出土
巫山博物馆藏

磨制，大小两扁圆状环，中间细腰

骨铲

新石器时代
长 28 厘米，宽 7 厘米
巫山大溪遗址出土
重庆中国三峡博物馆藏

　　整体呈鱼形，打磨精致，器面光洁
圆头，剪刀形鱼尾，器身中部有两穿，
便于佩挂及携带

三峡文物保护

蚌环 新石器时代大溪文化
巫山大溪遗址出土
外径 0.35~0.5 厘米，
孔径 0.15~0.35 厘米
巫山博物馆藏

磨制，中间穿孔，由 482 颗组成

夏 商 周 时 期

　　夏商周时期三峡地区的古遗存数量众多，也富有自身特色。三峡地区到商周之际开始有青铜器发现，广泛的青铜器运用则可能晚到春秋时期。夏代晚期至商代早、中期，重庆库区的文化面貌与成都平原的三星堆文化非常接近，流行小平底罐、鸟头形把勺、高柄豆、灯形器、圈钮器盖等典型的三星堆文化陶器。从三星堆文化末期开始，三星堆文化系统对这一地区的影响力减弱，这一地区的考古学文化面貌与成都平原地区出现了不小的差异，到十二桥文化时期，与成都平原的差异愈发明显，学界称之为石地坝文化，代表器物有溜肩小平底罐、折肩小平底罐、船形杯、尖底杯等。西周中期至春秋时期，重庆库区的考古学文化面貌趋于复杂，这与巴楚之间的政治角逐和文化碰撞有着密切的关系，分别以忠县瓦渣地遗址和巫山双堰塘遗址为代表，花边口圜底罐、角状尖底杯是较具特色的器物。东周时期，重庆库区是巴文化（或晚期巴文化）的重要分布区，同时也是巴、楚、秦，尤其是巴、楚竞相争夺的重要区域，因此，在文化面貌上表现出以一种文化为主体，多种文化因素相互交融的文化现象，战国时期出现大规模墓地，涪陵小田溪、云阳李家坝、开县余家坝、忠县崖脚墓地均属此类。

　　湖北库区商周时期新发现了长府沱遗址，出土了一批典型的中原商文化遗物陶鬲、假腹豆等。在西陵峡及峡区以外的宜都、长阳等地，发现了可能与早期巴文化有关的鲢鱼山、银街、路家河、三斗坪、大沙坝、石门嘴和香炉石遗址等。东周时期遗存也较为丰富，在柳林溪、河坎上、官庄坪等遗址都有发现，文化面貌以楚文化为主。

　　公元前316年秦灭巴蜀后，三峡地区秦文化因素日增。

三峡文物保护

陶缸

夏代
口径 25 厘米，高 45 厘米
云阳丝栗包遗址出土
重庆中国三峡博物馆藏

夹砂红陶。圆唇、敞口、折沿、长直腹、
尖圜底。腰部饰两道凸弦纹。

陶罐

夏代
口径 12.2 厘米，腹径 13.6 厘米，
底径 5.6 厘米，高 12.9 厘米
秭归柳林溪遗址出土

　　夹粗砂黑陶。腹部饰方格纹。圆唇，
小平底。

陶罐

夏代
口径 23.6 厘米，腹径 17.8 厘米，
底径 10 厘米，高 24.3 厘米
秭归柳林溪遗址出土

　　夹砂深灰陶。唇部压印成水波形花
边，腹部饰斜绳纹。撇口，方唇，唇外
侧有一道凹槽，直颈，深垂腹，下腹内收，
小平底

三
峡
文
物
保
护

陶灯形器

商代

口径 12.8 厘米，底径 16 厘米，
高 42 厘米

宜昌中堡岛遗址出土

湖北省文物考古研究所藏

　　上部的器托为夹砂褐陶，下部的柄
及圈足为泥质灰陶。敞口、细长梭形柄、
喇叭口圈足。柄系空心，与托座、圈足
均有小孔相通。

陶灯形器

商代
口径 10.6 厘米，底径 16.6 厘米，
高 50.1 厘米
云阳丝栗包遗址出土
重庆中国三峡博物馆藏

　　夹砂红褐陶。喇叭口，下接一长柄，
中部微凸，底座亦呈喇叭状，底座边缘
饰一圈棱状凸起。

三峡文物保护

陶鬶 | 商代
口径 15 厘米，高 28 厘米
万州中坝子遗址出土
重庆中国三峡博物馆藏

　　夹砂红陶。圆唇，敞口，一侧出短
流，一侧在口沿和足之间置扁而宽的鋬，
长颈，颈部内收，下承三个瘦长袋足，
足尖部收敛呈乳丁形。

陶鬶 | 商代
口径 18 厘米，高 26.7 厘米
宜昌中堡岛遗址出土
湖北省文物考古研究所藏

　　夹砂红陶。敞口、微凸流，筒腹，
瘦袋足，宽桥状耳。

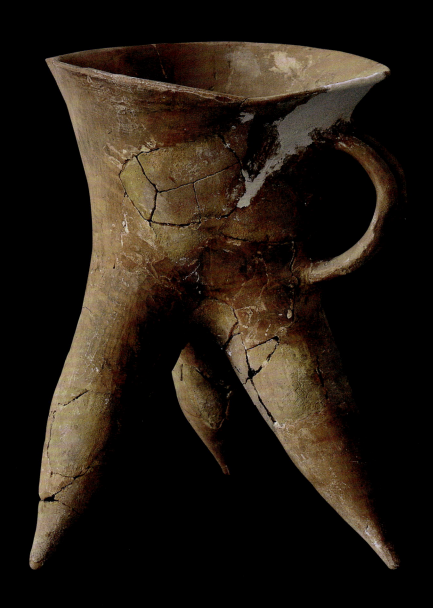

陶鬶

商代
口径 13 厘米，高 29.2 厘米
宜昌中堡岛遗址出土
湖北省文物考古研究所藏

　　夹砂褐陶。敞口，捏流，深腹，袋
足略胖，宽桥状耳。

陶缸 商代
口径 39 厘米，高 42.5 厘米
宜昌中堡岛遗址出土
湖北省文物考古研究所藏

　　泥质褐陶。敞口，筒腹，圜底，器壁较厚。口沿下饰一周宽带附加堆纹，器身饰方格纹。

三峡文物保护

陶罐 | 商代
口径 20 厘米，高 22.4 厘米
宜昌中堡岛遗址出土
湖北省文物考古研究所藏

夹砂灰陶。侈口，卷沿，鼓腹，平底。
器身饰绳纹。

陶缸 〉 商代
口径 36.6 厘米，高 35.7 厘米
秭归何光嘴遗址出土

　　夹砂红陶，陶质及制作均较精，陶质
火候较高。口部以下饰规整绳纹，口沿
下一道附加堆纹，堆纹上饰斜向压印纹。
方唇，敞口，斜腹较直，下腹内收为尖底。

夏 商 周 时 期

三峡文物保护

陶器座

商代
口径 18.9 厘米，高 25 厘米
万州苏和坪遗址出土
重庆中国三峡博物馆藏

　　夹砂红褐陶。器座呈马蹄状，卷沿、
长颈，颈部以下向外呈喇叭形，至底部
内收，底部无挡。颈部饰两道弦纹，其
间饰圆形镂孔，下部饰弯月形镂孔。

陶杯

商代
口径 14.3 厘米，底径 8.3 厘米，
高 22.9 厘米
忠县老鸹冲遗址出土
重庆中国三峡博物馆藏

　　黑皮陶。尖圆唇，敞口，深腹，腹
两侧置对称双耳，高柄，喇叭底。口沿、
柄和底皆饰以凹弦纹。

陶觚

商代
口径 9.9 厘米，底径 7.1 厘米，
高 20.5 厘米
忠县老鸹冲遗址出土
重庆中国三峡博物馆藏

　　黑皮陶。圆唇，敞口，深腹，束腰，
近底部外敞出台。口沿下隐见弦纹，腰
部饰两道凸弦纹，近底部刻划"×"符号。

陶杯 〉 商代
口径 10 厘米，高 21 厘米
涪陵镇安遗址出土
涪陵区博物馆藏

　　夹砂褐陶。敛口，深腹，尖底。尖底部分呈黑色。

陶杯 〉 西周
口径 6.2 厘米，高 12 厘米
忠县中坝遗址出土
忠州博物馆藏

　　夹砂褐陶。侈口，深腹，尖底。

陶
杯

西周
高 9.7 厘米，口径 5.5 厘米
忠县中坝遗址出土
重庆中国三峡博物馆藏

　　红陶。尖圆唇，直口，深腹，尖底。
全身素面，轮制成形。

陶
罐

西周
口径 11.8 厘米，高 12.5 厘米
忠县中坝遗址出土
忠州博物馆藏

　　夹砂褐陶。厚胎，侈口，束颈，圜底。
口沿作齿状花边，颈下饰粗绳纹。

三
峡
文
物
保
护

陶盂 〉 西周
高 6.5 厘米，口径 9.5 厘米
忠县中坝遗址出土
重庆中国三峡博物馆藏

　　夹砂红陶。尖圆唇，直口，浅腹，尖
底。全身素面，轮制成形。

陶杯 〉 西周
长 11.2 厘米，宽 7.5 厘米，高 6.8 厘米
丰都石地坝遗址出土
重庆中国三峡博物馆藏

　　红陶。圆唇，直口，圜底，一端平直，
一端呈圆弧状，整体似船形。

陶敦

战国
口径 20.5 厘米，高 24.8 厘米
巫山瓦岗槽墓地出土
巫山博物馆藏

　　椭圆体，方唇轻敛，上、下腹附折体三足，上下可倒置。

三峡文物保护

陶盒〔 东周
盖口径 16 厘米，口径 14 厘米，
圈足径 8.4 厘米，高 9.2 厘米
秭归庙坪遗址出土

夹砂褐胎黑皮陶。上盖下豆，整体
似敦。豆斜壁，矮圈足。盖为覆钵形，
方唇，附三个"S"形钮。

陶壶

东周
口径 8 厘米，圈足径 9 厘米，
高 16.8 厘米
秭归庙坪遗址出土

　　夹砂褐胎黑皮陶。壶为长颈，鼓肩，
弧腹，矮圈足。腹部附贴两个环状耳。
盖子母口，方唇，附三个 "S" 形钮。

陶盉 战国
口径 12.7 厘米，通高 8.6 厘米
云阳李家坝遗址出土
云阳博物馆藏

　　泥质灰陶。子母口，鼓腹，平底。
盖及器身均饰有戳印圆圈纹。

陶壶 战国
口径 8.9 厘米，高 11.8 厘米
云阳李家坝遗址出土
云阳博物馆藏

　　夹砂褐陶。平沿，长颈，垂鼓腹，平底。

陶鬲

东周
口径 40 厘米，高 33.6 厘米
秭归官庄坪遗址出土

夹砂灰陶。颈部饰绳纹抹平，颈部以下饰中绳纹，
肩部有两道弦纹。方唇，唇面有凹槽，卷平沿，短斜颈，
鼓肩，平裆下弧，柱足较高。

铜三羊尊

商代
底径 23 厘米，口径 41.5 厘米，
高 43.5 厘米
巫山双堰塘遗址附近采集
重庆中国三峡博物馆藏

　　喇叭口，束颈，折肩，弧腹，高圈足。
肩上等距离饰有三只高浮雕卷角羊首。
器身以云雷纹为地，上饰夔纹和饕餮纹。

三峡文物保护

铜鸟形尊

战国
长 28.5 厘米，宽 17.2 厘米，
通高 28.4 厘米
涪陵小田溪墓群出土
重庆中国三峡博物馆藏

　　整体呈鸟形，鸟头高昂，曲颈向上，桃形双耳，两背向的铲状冠，双目圆睁，鸟喙上部呈卷云状，喙部下钩，鸟嘴为圆形流，鼓腹，鸟足上有蹼，扇形尾微微上翘。两颊各饰有卷云纹一道，其余鸟耳内、面颊、鸟颈、腹前部和两腿均刻有羽鳞状纹饰，颈部羽鳞纹上嵌以绿松石的羽毛状纹饰，延伸至尾部。腹部中有长方形浇铸口，焊接封闭。

三
峡
文
物
保
护

0   4厘米

铜鼎 战国
口径 15.1 厘米，高 19.8 厘米
开县余家坝墓地出土
开州博物馆藏

　　立耳，深腹，腹壁微内敛，平底，
下附三兽形足。出土时底部有烟熏痕迹。

铜鼎

战国末年至秦
通高 28.4 厘米，鼎口径 23.8-24.8 厘米，
盖高 6.2 厘米，口径 27 厘米
奉节永安镇遗址出土
重庆市文化遗产研究院藏

　　器身剖面近椭方形。子母口，子口
略敛，两耳外曲，兽蹄足，弧形盖，盖
顶中央有半圆钮，钮内套环，钮外有二
周凸棱，外棱上对称分布三牛形饰，器
身腹部亦有一周凸棱。范铸，器身底可
见合范线，钮、环、兽形饰及耳、足均
先分铸，再与器身合铸。

铜敦

春秋晚期至战国
口径 20–20.5 厘米，通高 23.8 厘米
奉节永安镇遗址出土
重庆市文化遗产研究院藏

　　盖与器身造型全同，皆素面半球体，各有三足两环耳，上下内外皆圆，相合成为一个圆球，足均作兽形。范铸，足、耳先分铸，再与盖、器身合铸。

铜壶

战国末至西汉初期
通高 33.5 厘米，壶口径 9.4 厘米，腹径 21 厘米，
底径 12.5 厘米，高 30 厘米，盖外口径 9.7 厘米，
高 3.9 厘米
涪陵小田溪陈家嘴遗址出土
重庆市文化遗产研究院藏

　　束颈，溜肩，鼓腹，圈足，最大径在上腹，肩部有二对称
铺首衔环，颈部饰一周竖三角兽面纹和一周横三角云纹，肩腹
部间隔饰凹弦纹和兽面纹，各有三组六周，圈足一周云雷纹。
弧形盖，子母口，盖顶对称饰三变体鸟形钮，钮上有圆孔，其
中二钮佚失。范铸，盖、身分体铸造，叠叠放置，钮、铺首衔
环及圈足先分铸，再与盖、器身合铸。

三峡文物保护

铜壶

战国
口径 14.4 厘米，腹径 32.8 厘米，
足径 20 厘米，通高 55.9 厘米
涪陵小田溪墓群出土
重庆中国三峡博物馆藏

　　壶盖为子母口，斜直沿，盖沿素面，盖顶上有对称的鸟形耳四个，鸟首朝外。壶身为侈口，方唇，短颈，鼓腹，圈足。肩腹间有对称铺首衔环一对。壶盖、壶身遍饰错银纹饰。盖耳以交错的箅纹勾边，饰有"〰"状纹饰。盖顶中心饰有三组变形的勾连凤鸟纹，盖沿亦饰以变形凤鸟纹，盖沿与盖顶中心纹饰之间以环形错银凹槽界隔。壶身口部饰有变形勾连凤鸟纹一周，其下以三角形变体凤鸟纹间错环饰一周，其下再饰变形勾连凤鸟纹一周。腹中部饰以变体蟠螭纹一周，其余部分饰以相交状变形勾连凤鸟纹。近圈足部分为素面，圈足上饰有变体蟠螭纹一周。

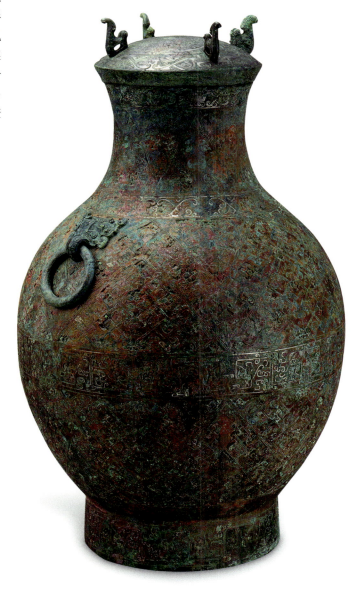

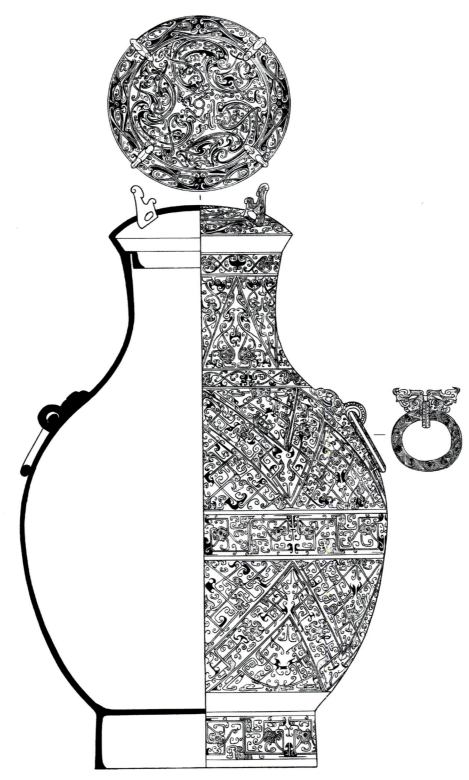

0   4厘米

铜提梁壶

战国
高 32.3 厘米，底径 11.4 厘米，
口径 7.4 厘米
云阳李家坝遗址出土
重庆中国三峡博物馆藏

　　带盖，小口，长颈，鼓腹，圈足。
盖上置链式提梁，饰云纹和几何纹，斜
肩，肩部有对称衔环铺首，提梁与两侧
四个"8"字形活链相连，穿过盖面环耳
及肩部铺首衔环而组成链梁。肩腹部的
纹饰用宽弦纹分为六组，肩部一组为三
角云纹，腹部五组为排列规整的蟠虺纹，
圈足饰一周辫索纹。

铜提梁壶

战国
口径 7.2 厘米，底径 10.5 厘米，
通高 28.2 厘米
万州大坪墓群出土
万州区博物馆藏

　　弧形盖，顶近平，两侧各有一环形钮，
壶身直口，长颈，斜肩，微鼓腹，圈足，
颈肩接合处两侧各有一铺首衔环，环接
链形提梁、弧形提梁。

铜釜甑

战国晚期
釜甑通高 33.7 厘米，甑高 17.1 厘米，口径 24.9-26
厘米，底径 11.9 厘米，釜高 19.9 厘米，口径 15.5-
16.1 厘米，底径 11 厘米
涪陵小田溪墓群出土
重庆市文化遗产研究院藏

　　甑侈口，鼓腹，圈足，二辫索纹环耳，甑底有 20
个长条形孔。釜侈口，高领内折，扁圆腹，小平底，四
支丁足，肩有二辫索纹环耳。范铸，甑、釜分体铸造。

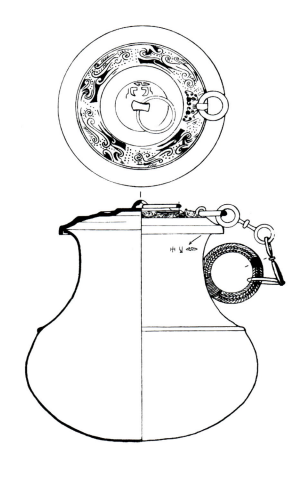

铜鍪 战国
口径 12.6 厘米，腹径 18.5 厘米，
高 19 厘米
涪陵小田溪墓群出土
重庆中国三峡博物馆藏

　　带盖，一侧有辫索状环耳。盖上有
一链与鍪耳相连，盖上饰有卷云纹、连
珠纹等纹饰一圈，盖中心饰有巴蜀图语
符号一组，另在盖边沿处饰有巴蜀图语
符号三个。肩部饰有凸弦纹一道，沿下
刻有图语符号一组。

铜鍪

战国
口径 10.9 厘米，最大腹径 15 厘米，
高 13.6 厘米
开县余家坝墓地出土
开州博物馆藏

　　侈口，束颈，鼓腹，圜底，肩部饰
辫索纹单耳，通体素面无纹饰。

铜鍪

战国
口径 7.5 厘米，高 9.2 厘米
开县余家坝墓地出土
开州博物馆藏

　　侈口，束颈，鼓腹，圜底，肩部饰
有辫索纹双耳，通体素面无纹饰。

铜鍪 〉 战国
口径 9 厘米，腹径 12 厘米，
高 10.08 厘米
巴东雷家坪遗址出土

方唇，卷沿，束颈，垂腹，圜底近平。
单圆耳，耳体呈绞索形。器耳与器体连
接处有一长条形铜垫片，片上有一仿绳
状铜条，缠绕器耳。

铜鍪

战国末年至秦
口径 12.8 厘米，高 15.5 厘米
奉节永安镇遗址出土
重庆市文化遗产研究院藏

　　侈口，沿面窄，高领微束，弧腹，圜平底，口径小于腹径甚多，肩部有两环形耳，一大一小，大耳辫索纹，小耳素面，双耳间一周凸棱。范铸，器身底可见合范线，双耳先分铸，再与器身合铸。

铜瓿

东周
通高 27.9 厘米，口径 17.9 厘米，
底径 21.7 厘米，高 24.6 厘米，
盖口径 19.7-20.6 厘米，高 6.4 厘米
奉节永安镇遗址出土
重庆市文化遗产研究院藏

　　敛口，圆肩，扁鼓腹，下腹斜收，圈足，
肩部置双兽耳，耳内贯环，肩腹部间隔
饰三周卷云纹和两周凸棱，凸棱之间有
八枚乳突纹。盖圆形平顶，顶上置四环
形钮。范铸，盖、身分体铸造，钮、耳、
环先分铸，再与盖、器身合铸。

铜俎、铜豆、铜夹

战国—汉初

铜俎：口径 35 厘米，底径 30 厘米，
高 44.2 厘米

铜豆：口径 14.2 厘米，
底径 6.2 厘米，高 7.4 厘米

铜夹：高 14.1 厘米，宽 1.6 厘米

涪陵小田溪墓群出土

重庆中国三峡博物馆藏

铜俎整体形似高柄灯形，俎盘为倒置圆台形，盘沿外撇，盘底部挂有五个小钩，盘面中心有大小两个套合内凹圆，外围另分布有内凹的小圆四个，俎盘外表饰凹弦纹一道；俎柱截面为十三面体，实心；台状高圈足，足下有三只八字形矮支脚。

铜豆 8 件，大小形制基本相同，方唇，口沿微敛，弧腹，矮圈足，素面。

铜夹 2 件，长方形带状铜条弯曲而成，有横向凸弦纹两道。

三峡文物保护

铜錞于

战国
底径 22.5 厘米，高 51 厘米
涪陵小田溪墓群出土
重庆中国三峡博物馆藏

　　截面为椭圆形，平顶，周边有较宽唇边，肩扁圆，顶正中有一张口龇牙的虎形钮，体腔比例甚高，下口直，虎钮周围刻划有人面、卷云、鱼、凤鸟、建鼓、手心六组巴蜀图语。

铜镎于

战国
通高 70 厘米，底径 26.7 厘米，
虎钮长 31.3 厘米
万州甘宁乡采集
重庆中国三峡博物馆藏

　　通体完整，平顶，顶上饰有一虎钮，
肩部浑圆隆起，周边有较宽的唇边，腔
体比例甚高，下口较直，音质优良，造
型厚重，形体硕大。值得一提的是，虎
钮的造型栩栩如生，虎头微扬，口部微张，
虎尾向上卷曲，虎身向下沉，呈腾跃状，
动感十足，不怒而威，在虎钮的周围，
还分布着五组"巴蜀图语"：椎髻人面、
羽人击鼓与独木舟、鱼与勾连云纹、手
心纹、神鸟与柿蒂纹。

铜錞于

战国
最大腹径 34 厘米，底径 22 厘米，
高 53 厘米
巫山铜鼓乡麦山村出土
巫山博物馆藏

　　椭圆盘首，肩部突出，腹部向下收
缩，椭圆柱形，中空。盘首处饰一虎形钮。
器身完整，铜色青绿有光泽。范铸，虎钮、
器身分体铸造。

铜錞于

战国
虎钮长 23.5 厘米，高 8.8 厘米，
肩长径 38.5 厘米，短径 34.5 厘米，
口长径 24.2 厘米，短径 20.4 厘米，
通高 59.8 厘米
秭归县屈原纪念馆藏

　　器呈青绿色。器顶为椭圆形平盘，盘口外侈，盘中置卷尾后伏状虎钮。器身隆起，全器最大径在肩部，从肩往下至口部收为椭圆直筒状。器内中空，下端无底。

铜錞于

战国
虎钮长 24.5 厘米，高 9 厘米，
肩长径 41 厘米，短径 34.5 厘米，
口长径 24.5 厘米，短径 22 厘米，
通高 62.5 厘米
秭归县屈原纪念馆藏

　　器呈青绿色。器顶为椭圆形平盘，盘沿外侈，盘中置虎钮。虎鼻立面呈倒三角形，鼻脊部饰有三角形与凸弦纹组成的几何图案。器身隆起，全器最大部在肩部，从肩往下直至口部收为椭圆直筒状。器内中空，下端无底。

铜錞于

战国
虎钮长 23.8 厘米，高 8.8 厘米，
肩长径 37.4 厘米，短径 34 厘米，
口长径 24 厘米，短径 20.8 厘米，
通高 59.8 厘米
秭归县屈原纪念馆藏

　　器呈青绿色。器顶为椭圆形平盘，
盘口外侈，盘中置虎钮。虎背两侧饰羽
状纹。器身隆起，全器最大径在肩部，
从肩往下至口部收为椭圆直筒状。器内
中空，下端无底，虎身铸空。

铜錞于

战国
盘长径 30 厘米，短径 25 厘米，
腹长径 36 厘米，短径 30 厘米，
口长径 23 厘米，短径 18 厘米，
通高 64.6 厘米
巴东博物馆藏

　　器身修长、内空，横截面为椭圆形，
鼓肩，收腹至下口。上端为椭圆形侈口
平盘，盘中立一虎形钮，虎怒目龇牙，
虎腰下弯，虎尾端上卷。在盘中虎的两
侧平面上，阴纹饰有鸟形、鱼形、船形
等有象征意义的符号。虎身饰有卷云纹。

铜编钟

战国
涪陵小田溪墓群出土
四川博物院藏

　　整套编钟共有14件大小相次的铜钟，钟架上有四件虎头形饰，固定铜钟的梁也饰有虎头。钟体有错金银纹饰，多数钟的顶部还有因校音而形成的条形镂孔。钟架为复制。

铜甬钟

战国晚期
通长 43.5 厘米，通宽 18.2 厘米，
厚 9.5 厘米，甬长 14.5 厘米，
腔体长 29 厘米
涪陵小田溪墓群出土
重庆市文化遗产研究院藏

　　长腔阔鼓直铣式，腔体上下宽度相差甚微，接近于直筒状。沿枚的外围有一周方形的凸棱，枚的分布长度近于腔高的三分之一，鼓部占腔高的三分之二。甬长相当于腔体长度的二分之一，中空，无旋，有四长方形孔（干）。鼓面刻饰船形纹。范铸，甬、枚先分铸，再与腔体合铸。

铜甬钟

战国
口径 36 厘米，通高 50 厘米
巫山骡坪鸳鸯五队出土
巫山博物馆藏

　　圆柱形甬，甬内设鞯，无旋。腔体扁突似上下覆瓦构成，舞为椭圆形，钲呈长方形，长方形篆，每组铸 12 枚（三排四列），前后各两组，鼓无纹饰，弧形于。范铸而成。

铜钲　战国
高 28.4 厘米
涪陵小田溪墓群出土
四川博物院藏

　　长柄，筒身。柄端突出，柄部有凸节，
器体上刻有两个"王"字和象形图形。

铜斧

战国
长 17.4 厘米，刃宽 7.8 厘米
万州大坪墓群出土
万州区博物馆藏

方形銎孔，腰身细长，弧形宽刃，
刃两端微上卷，銎孔两侧有纹饰。

铜钺

战国
长 8.6 厘米，宽 4.9 厘米
云阳李家坝遗址出土
重庆中国三峡博物馆藏

　　舌形钺，弧刃，束腰，折肩，长方形銎。器身一面的腰部中央有"工"字形纹饰，銎部近口处两面各有线性几何纹饰。

铜斧

战国
长 9.7 厘米，刃宽 6.4 厘米
忠县佑溪村墓群出土
忠州博物馆藏

　　扇形刃，双锋，扁方銎。斧身铸有族徽形符号。

铜斤

战国
长 17 厘米，刃宽 7.3 厘米
涪陵小田溪墓群出土
涪陵区博物馆藏

宽扇形刃，双锋，细长身，扁方銎。

铜钺

战国
长 18.2 厘米
涪陵小田溪墓群出土
涪陵区博物馆藏

圆刃，椭圆形銎。

铜钺 战国
长 13.1 厘米
巴东东壤口墓群出土
恩施州博物馆藏

弧刃，双锋，椭圆銎。銎部有竖平
行纹。

铜钺 战国
通长 17.4 厘米，通宽 8.2 厘米，
銎口径 4-4.8 厘米
涪陵小田溪墓群出土
重庆市文化遗产研究院藏

体修长，直边圆弧刃，两侧直而刃
口延展呈圆弧形，两肩窄，椭扁形銎。
体下部两肩之间有一巴蜀图语。范铸。

三峡文物保护

铜剑

战国
通长 45 厘米
秭归沙湾子墓地出土

　　前锋尖锐，脊微显，宽格，实茎，两箍，圆首。剑身通饰以虎衔卷草状图案，虎蹲踞转头。格上饰有变形虎面。

← **越王铜剑**

战国
残长 54 厘米
秭归香溪墓群出土
秭归县屈原纪念馆藏

锋残。直刃,凸脊,有格,细圆茎,饼首。剑格上有阳纹鸟篆"越王之剑"铭文。

→ **铜剑**

战国
长 76 厘米
秭归庙坪遗址出土
湖北省文物考古研究所藏

剑身细长,尖锋,刃前部略收,凸脊,细扁茎。

铜剑

战国
通长 45.4 厘米
秭归牛口遗址出土
秭归县屈原纪念馆藏

　　尖锋，刃前部略凹，凸脊，有格，圆茎，茎上有两周凸棱，饼状首。剑身有铸出的阳纹虎形。

铜剑

战国
长 25.7 厘米，宽 2.9 厘米
云阳李家坝遗址出土
重庆中国三峡博物馆藏

　　整体呈柳叶形。腊和茎无明显分界，扁茎，茎上有两圆穿。剑身布满鸟纹，鸟长喙，圆眼。剑身和茎连铸。

错金铜剑

战国
通长 38 厘米，通宽 3.3 厘米，
厚 1 厘米
涪陵镇安遗址出土
涪陵区博物馆藏

　　整体呈叶状形。尖锋，剑锋稍有残缺。
越脊。截面呈菱形，以利穿刺。剑格位
置饰手心纹。

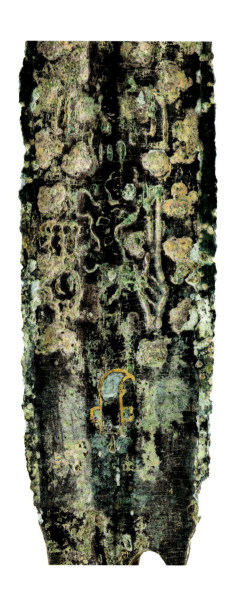

贴金铜鞘短剑

战国晚期
剑通长 24.9 厘米，通宽 3.1 厘米，厚 0.7
厘米，剑鞘长 19 厘米，宽 4.9 厘米，剑
鞘耳长 5.3 厘米，宽 2.9 厘米
涪陵小田溪墓群出土
重庆市文化遗产研究院藏

　　整体呈柳叶形。前锋磨成圆形锐角，
腊中央略为隆起，无剑格，扁平茎基本
呈长方形，下端延展与腊相连，腊和茎
分界不十分明显，茎上有两穿，两从微
斜而凹，下端弧收与茎相连。腊下部两
面分别饰虎纹和手心蝉纹。剑鞘残缺，
呈长方形，两侧有耳，鞘体一面及双耳
贴金，贴金一面饰龙等纹饰。

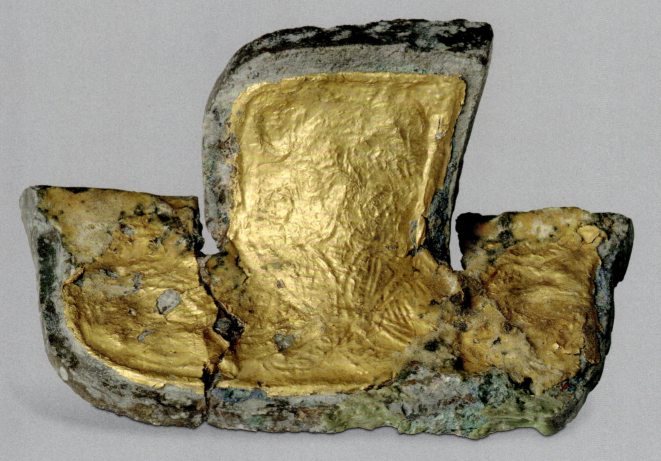

铜剑

战国
长59厘米，宽5.1厘米
巫山秀峰中学出土
重庆中国三峡博物馆藏

　　剑身脊呈直线，斜从而宽，前锷收狭而锋锐，剑格倒凹字形，圆茎上两个大小同等的云纹箍，便于缠缑。剑首由多圈高同心圆、高凸起、薄壁状凸棱组成。

三峡文物保护

铜剑

战国
通长 58.3 厘米，通宽 5.3 厘米
涪陵小田溪墓群出土
涪陵区博物馆藏

剑身呈柳叶形，扁茎无格，茎部有两穿孔，剑身基部两面铭刻有手心等抽象符号。纵部通饰错银梅花状纹饰。

三峡文物保护

铜矛

战国
通长 24.5 厘米，銎径 2.4 厘米
巴东红庙岭遗址出土

　　铜质灰绿色。骹与叶刃的长度基本相等，骹两侧皆有上小下大弓形钮。叶刃两面皆饰云雷纹，骹口外沿上也有一周云雷纹，这些云雷纹皆阴刻，骹正反面在弓形钮部位又合饰一条浮雕式夔龙。

铜矛

战国
长 18.8 厘米，宽 2.8 厘米
云阳李家坝遗址出土
重庆中国三峡博物馆藏

　　锋残，叶两侧有血槽，长骹，骹为
直筒状，骹一侧有一弓形耳，另一耳残，
骹后部刻有一水鸟纹，尾端饰一周云雷
纹，圆銎。

铜矛

战国
通长 18.5 厘米
开县余家坝墓地出土
开州博物馆藏

　　圆銎，短柄中空，双耳对称，耳与
风槽相连，叶体较长，中部起脊，素
面。耳上一侧有五个小孔，另一侧有四
个小孔。

铜戈
战国
长 15.5 厘米，宽 5.6 厘米
开县余家坝墓地出土
重庆中国三峡博物馆藏

援作锐角三角形，援本两穿，内一星形穿。两面均饰相同虎纹。

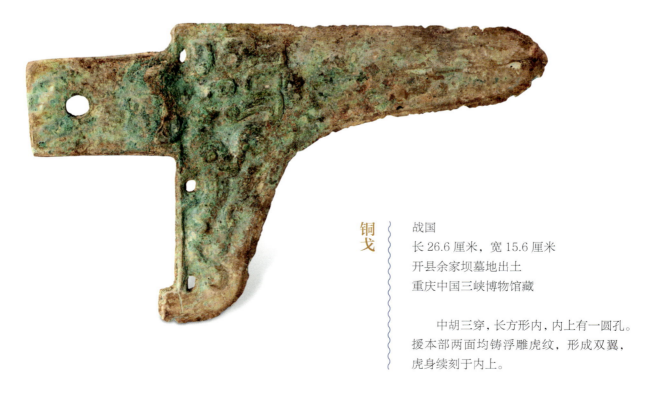

铜戈
战国
长 26.6 厘米，宽 15.6 厘米
开县余家坝墓地出土
重庆中国三峡博物馆藏

中胡三穿，长方形内，内上有一圆孔。援本部两面均铸浮雕虎纹，形成双翼，虎身续刻于内上。

铜戈

战国
长 29 厘米，宽 17.5 厘米
开县余家坝墓地出土
重庆中国三峡博物馆藏

　　前锋钝圆，直援，长方内，内有一
圆穿，长胡三穿。两面各有浮雕状的神兽，
尾上翘，呈站立状，兽首向后伸至内上。
胡部满饰云纹。

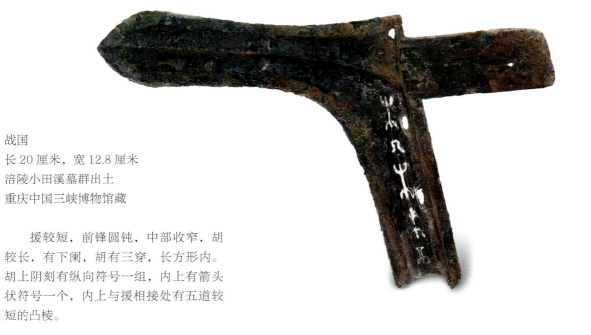

铜戈

战国
长 20 厘米，宽 12.8 厘米
涪陵小田溪墓群出土
重庆中国三峡博物馆藏

　　援较短，前锋圆钝，中部收窄，胡
较长，有下阑，胡有三穿，长方形内。
胡上阴刻有纵向符号一组，内上有箭头
状符号一个，内上与援相接处有五道较
短的凸棱。

三峡文物保护

铜戈

战国
长 25 厘米，宽 13.6 厘米
云阳李家坝遗址出土
重庆中国三峡博物馆藏

　　直援，方内，内有一穿，长胡三穿。
两面各有浮雕状的虎头，虎耳向后伸至
内上，张口瞪目，口含一条鱼，状极狰
狞。虎身延至胡部，尾上翘，呈奔走状。
援脊有一行巴蜀符号。

铜戈

战国
长 24.3 厘米，宽 13.4 厘米
云阳李家坝遗址出土
重庆中国三峡博物馆藏

　　直援，长方形内，内有一穿，长胡
两穿。两面各有浮雕状的虎头，虎耳向
后伸至内上，张口瞪目，口含一条鱼，
状极狰狞。虎身延至胡部，尾上翘，呈
奔走状。

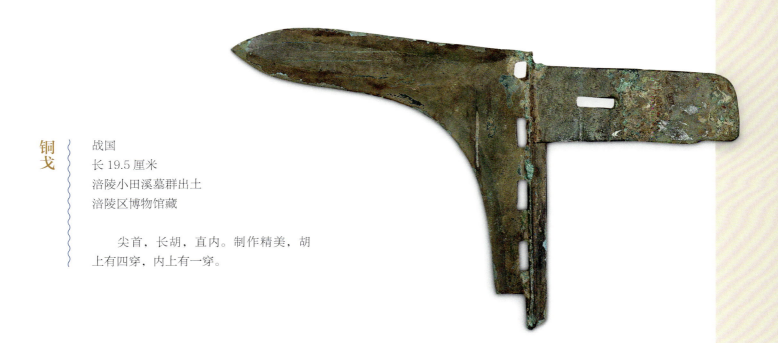

铜戈

战国
长 19.5 厘米
涪陵小田溪墓群出土
涪陵区博物馆藏

　　尖首，长胡，直内。制作精美，胡
上有四穿，内上有一穿。

铜戈

战国
长 24.3 厘米
涪陵小田溪墓群出土
涪陵区博物馆藏

　　尖首，长援有脊，无胡，直内。援
上有两穿，中脊末端有一孔，内上有一穿。

铜戈
战国
长 30 厘米
秭归庙坪遗址出土
湖北省文物考古研究所藏

尖首,弧援,长胡,曲内,胡下端有刺。
胡上有三穿,内上有一穿。

铜戈
战国
长 30 厘米,援长 18 厘米,
胡长 9 厘米,内宽 3.2 厘米
巴东西壤口墓群出土

平面呈鸟头状,有四穿,阑三内一,
胡上饰一鸟眼,内末端圆弧形。锋尖已残。

铜戈 战国
通长 24.5 厘米，通宽 14 厘米
开县余家坝墓地出土
开州博物馆藏

铜戈

东周
通长 19.3 厘米，通宽 9.9 厘米
涪陵小田溪墓群出土
重庆市文化遗产研究院藏

　　狭援，长胡，直内，援比胡长，胡下端缘与阑呈直角，前锋呈尖弧形，胡上有两长方一圆形共三穿，长方形直内上有一长方穿。援与胡双面饰虎斑纹、手心纹和虎纹等。范铸。

铜鐏 战国
通长 4.2 厘米，宽 2.4 厘米，高 16 厘米
云阳李家坝遗址出土
云阳博物馆藏

　　此件青铜鐏造型精妙，一只肖形的鸟
托着圆形的套筒。小鸟圜眼勾喙，身后
尾羽卷翘，套筒上则饰有卷云纹。

铜弩机

战国
长 5.3 厘米，宽 3 厘米，
高 4.1 厘米，厚 0.2 厘米；
长 13.1 厘米，宽 5.3 厘米，厚 3 厘米
涪陵小田溪墓群出土
重庆中国三峡博物馆藏

　　木弩腐朽，仅存铜质弩机和阑两部分。弩机由悬刀、望山和钩心三部分组成，用两个键组合成整体，望山上无刻度。阑是保护弩臂尾端的部件，中空长方形腔，尾端呈椭圆形，下方有一长方形榫口和一圈凹槽，可能是插榫固定和便于手持握用。

铜盔形器

战国
高 26.2 厘米，直径 25.5 厘米
涪陵小田溪墓群出土
重庆中国三峡博物馆藏

　　圆锥形，中空，壁薄，底部有折沿。
盔上部和盔沿均有对称的方形小孔。

铜盔形器

战国
高 16.2 厘米，直径 17 厘米
涪陵小田溪墓群出土
重庆中国三峡博物馆藏

　　圆锥形，中空，壁薄，底部有折沿。盔上部有对称的四个小方孔，盔沿上有对称的四组八个方形小孔。

铜盔形器

战国
高 9.1 厘米，直径 11.1 厘米
涪陵小田溪墓群出土
重庆市文化遗产研究院藏

　　体小，呈尖顶帽形，素面，顶下四周及胄边各对称分布有四个方孔。范铸。

铜带钩

战国
长 12.8 厘米，宽 3.5 厘米
涪陵小田溪墓群出土
重庆中国三峡博物馆藏

　　钩首为蛇头，细钩颈，人左手抓蛇
造型，蛇首回望，身体呈 8 字形盘卷，
人手臂下端弯曲成钩，钩身中部有一圆
饼状钮钉。

三峡文物保护

铜带钩

战国
长 11.1 厘米，宽 4.3 厘米，厚 1.8 厘米，
链条长 40 厘米
万州大坪墓群出土
万州区博物馆藏

　　鸭头形钩首，圆柱状钩柄，钩尾与
钩柄用一圆环相连，圆柱形钮。柄尾铸
卷云纹，钩尾为七个矮圆锥形钮，钮饰
涡旋纹，分上下两层，下层四钮分系四
根链条，每根链条中部又分系两根链条，
链条底端分系一桥形饰件。

铜带钩

战国
长 7.2 厘米，宽 3.1 厘米
云阳李家坝遗址出土
重庆中国三峡博物馆藏

　　钩体呈耜形，钩首蛇头形，钩体上
饰有两条龙形纹，圆钮位于钩尾部。

三峡文物保护

璜形铜片　战国晚期
万州余家河墓地出土
万州区博物馆藏

铜刻刀 〉 战国
长 16.4 厘米，宽 2.4 厘米
秭归兵书宝剑峡悬棺出土

　　刻刀表面黑色，对称双面刃，一面
隆起有脊，一面内凹。

铜饰件 〉 战国
长 30.7 厘米，宽 10.2 厘米
奉节永安镇遗址出土
重庆中国三峡博物馆藏

　　整体呈空心圆锥体，器壁较薄。顶
端膨大内收成尖锥，有四卯眼。中部一
粗壮圆箍。下部为四规整片状蕉叶形锥
尖。环体有较多砂眼，通体饰蟠螭纹。
器用不明。

夏商周时期

铜杖首和杖镦

战国
杖首长 7.3 厘米, 銎径 3 厘米
秭归卜庄河墓群出土

　　铜杖首呈"T"字形, 造型为一卧虎口衔一蹲羊的尾部, 虎尾呈规整的横长方形, 虎颈下部为圆柱銎, 杖首通体饰横"S"形卷叶纹。铜镦椭圆筒形, 上粗下细, 中空, 中间有凸棱, 底部束后呈喇叭状, 表面用金银错三角纹和卷云纹。

铜附件

战国
长 7.5 厘米,通高 6.5 厘米
巴东雷家坪遗址出土

　　整体呈 L 形,器顶面部为虎头造型,
下接方凹口,侧视如虎口状,方立柱,
直角弯成横栓,横栓根部为方杆,前部
为圆杆,向前渐细。

三
峡
文
物
保
护

铜印 战国
宽 2.2 厘米，高 2.6 厘米
涪陵镇安遗址出土
涪陵区博物馆藏

印文清晰可见，足见其雕刻技术成熟。

铜印 战国
底长 1.2 厘米，高 1.2 厘米
开县余家坝墓地出土
重庆中国三峡博物馆藏

印面方形，印钮为瓦钮，阳刻一印文。

铜印 战国
长 1.64 厘米，宽 1.28 厘米，
高 0.76 厘米
开县余家坝墓地出土
开州博物馆藏

椭圆半瓜状，正面刻古文，背面凸
钮有一圆穿。

玉笄首

战国
长 8.6 厘米，宽 3.6 厘米
云阳塘坊遗址出土
云阳博物馆藏

　　白玉质。扁平条形，中空，表面有
朱砂痕，两侧各透雕一凤鸟纹。

三峡文物保护

玉璧

战国
直径 17.2 厘米，厚 0.6 厘米
涪陵小田溪墓群出土
涪陵区博物馆藏

边缘略残。青白色，通体饰有谷纹。

玉璧

战国
直径 10.6 厘米，厚 0.65 厘米
巫山土城坡墓地出土
巫山博物馆藏

青绿色，肉宽于好，肉内满饰谷纹。

玉璧

战国
直径 11 厘米，厚 0.45 厘米
巫山土城坡墓地出土
巫山博物馆藏

　　青绿色，肉宽于好，阴线刻出内外廓，
肉内满饰谷纹。

玉璧

战国晚期至秦
直径 11.5 厘米，孔径 4.6 厘米，
璧面宽 3.45 厘米，厚 0.5 厘米
涪陵小田溪墓群出土
重庆市文化遗产研究院藏

　　青玉质，有黄褐色、灰白色瑕疵及沁斑。璧两面浅浮雕涡纹，外侧面阴线刻"十介百八十十么"七个篆字。侧面抛光，正背面未作抛光。

三峡文物保护

玉玦

东周
外径3.4厘米，内径1.6厘米，
厚0.5厘米
万州余家河墓群出土
万州区博物馆藏

青白玉，环形状，素面。

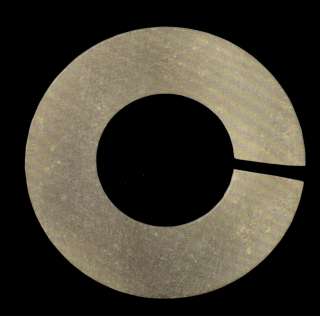

玉玦

战国
直径4.1厘米
开县余家坝墓地出土
开州博物馆藏

青玉。环形扁片状，环中有一缺口，
口成斜切状。环上有三圆穿，外沿一周
为斜切面。

玉玦

战国
直径4.1厘米
开县余家坝墓地出土
开州博物馆藏

青玉，通体有牙色沁斑。环形，扁
片状，环中有一缺口，口成斜切状。

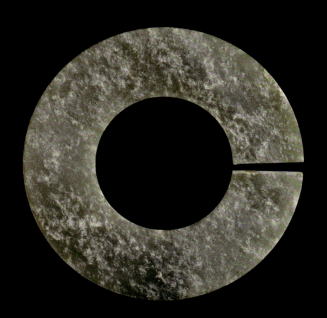

玉饰

战国晚期至秦
通长2.8厘米，宽1.1厘米，厚0.5厘米，
柄长0.6厘米，宽0.4厘米，身长2.2厘米
涪陵小田溪墓群出土
重庆市文化遗产研究院藏

白玉质，有灰白色沁斑。扁长方体，玉侧面闭合，一长侧面有凹槽并有两圆孔，两短侧面各有一圆孔与凹槽内圆孔分别相通。正面及一长侧面两端各饰三条横向凸弦纹，背面两端各有两条凹弦纹。一短侧面有扁形短柄，柄中部有一圆穿。

玉瑗

战国
直径 11.6 厘米，内径 6.4 厘米，
厚 0.5-0.6 厘米
巴东雷家坪遗址出土

　　大部分为墨绿色夹白絮斑，部分呈
青白色夹墨色条斑，两面雕刻谷纹。

玉佩

战国晚期至秦
通长 16.2 厘米，宽 10 厘米，
厚 0.35 厘米
涪陵小田溪墓群出土
重庆市文化遗产研究院藏

　　一对。大小、造型相似，均为青玉质，有黄绿色瑕疵，局部有沁斑。体扁平，形卷曲龙形，头部昂扬作回首状，弓背，卷尾，有三足。龙头、爪、尾以线条装饰，龙身浅浮雕涡纹。线条雕刻不甚平滑，粗细不一，佩边缘有损伤。头、身、尾各有一圆穿，身体部分的穿较小。

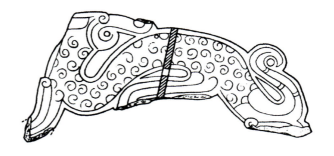

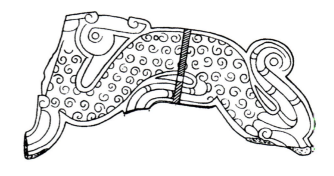

三峡文物保护

玉璜

战国晚期至秦

通长 19.9 厘米，宽 6.6 厘米，

厚 0.5 厘米

渝北赵家湾遗址出土

重庆市文化遗产研究院藏

　　青玉质，外缘有黄褐色沁斑。体扁平，形若玉璧的二分之一。双面沿内外缘饰线条一周，线框内饰线刻涡纹，线条不平滑，粗细不一。中部靠外缘有一圆穿。

玉璜

战国晚期至秦
通长 19.9 厘米，宽 6.3 厘米，
厚 0.4 厘米
渝北赵家湾遗址出土
重庆市文化遗产研究院藏

　　青玉质，有黄褐色沁斑。体扁平，
形若玉璧的二分之一。双面沿内外缘饰
线条一周，线框内饰线刻涡纹，线条不
平滑，粗细不一。中部靠外缘有一圆穿。

玉具剑（一套五件）

战国晚期至秦
涪陵小田溪墓群出土
重庆市文化遗产研究院藏

　　玉具剑为最高贵的剑制品。该玉具剑由铜剑和玉剑具（剑首、剑格、剑璏、剑珌）组成，剑鞘佚失。玉剑具均为白玉质，有黄褐色瑕疵及沁斑。

铜剑

通长 75.1 厘米，
通宽 4.5 厘米，
剑把长 10.7 厘米，
剑身长 64.4 厘米

　　扁茎，剑身中央起直脊，长腊，两从斜宽并保持平行，至锋处变尖削，剑身锈蚀严重。

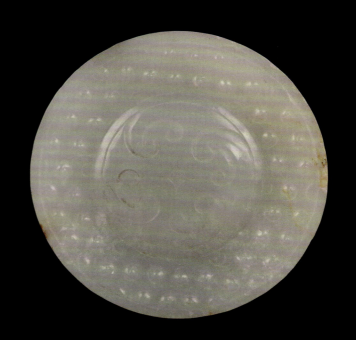

玉剑首

直径 4.8 厘米，厚 1.2 厘米

装饰于剑柄顶端。该玉剑首略有黄色瑕疵。圆饼形，正面微内凹，中部突起扁圆形球面，圆凸面的中心饰四角星纹，星纹周边饰四个卷云纹，圆凸外的四周饰谷纹。背面中部有一圈细凹槽，凹槽外有对称的两个斜向圆孔与之相通，背素面，有打磨线痕。

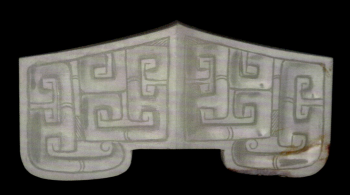

玉剑格

通长 2.9 厘米，宽 5.4 厘米，厚 2 厘米

剑格又称镡或珥，套于剑把和剑身之间起护手作用。该玉剑格有黄褐色瑕疵及沁斑。平面接近吴越式铜剑之蝠形镡。顶部中间内凹，底部中间向下尖凸，正背面均中部起棱，横截面呈菱形，中部有椭圆孔便于剑柄穿过，孔内不甚平滑。正背面以中脊为界饰对称雷纹。

三峡文物保护

玉剑珌 通长 6.5 厘米，宽 4.7—5.8 厘米，厚 1—1.2 厘米。

剑珌又称摽，是剑鞘末的包尾装饰，本用铜制作，玉具剑则以玉代之。该玉珌有黄褐色瑕疵及沁斑。平面呈梯形，上窄下宽，上下边平直，左右边略内弧，横截面呈椭菱形。底部有几何形刻划纹，顶部有三孔相通，中间一个为粗的竖向圆孔，左右对称两个斜向圆孔。正背面以中部为界饰对称雷纹。

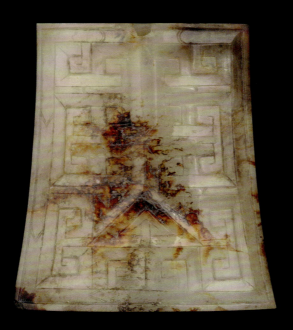

玉剑璏

通长 6.3 厘米，宽 2.3 厘米，厚 1.8 厘米

　　剑璏又称剑鼻，是附于剑鞘中部用以穿剑带之钮。该玉剑璏有黄褐色瑕疵和灰色沁斑。扁长条形管状，顶面平，其两端出檐并向下弯，背部有长方形孔，便于剑带穿过。顶面有两条平行的竖向凹弦纹，背面有打磨线痕，孔内部不甚平滑。

三峡文物保护

骨雕神鸟像

西周
长3.5厘米，宽3厘米，高4.7厘米
巫山双堰塘遗址出土
巫山博物馆藏

整体雕刻而成。神鸟俯伏而坐，头
向上昂，嘴大张，似鸣叫。

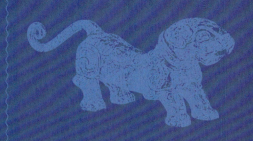

秦汉至六朝时期

　　秦汉至六朝时期是三峡地区经济文化发展的又一高潮时期，遗存分布很广，主要集中在城址聚落考古和墓葬考古两方面。丰富多彩的秦汉至六朝文化遗存极大促进了我们对三峡地区历史时期文明进程、社会经济发展的综合研究。

　　秦汉至六朝时期厚葬之风盛行，三峡地区发现的数万座墓葬出土了数量丰富的各种质地的随葬品，大部分属于墓主生前使用的生活器或者反映墓主生前生活状况的明器，例如房屋、水田等模型、各类陶俑等。这些珍贵的历史文物全面反映了当时人们的政治、经济、文化、宗教、艺术等各个方面，为建立三峡地区秦汉至六朝墓葬时空框架和古代社会提供了丰富的实物资料。

　　在三峡文物保护中，发现了较多的城址等聚落遗存。其中，以巫山古城遗址、云阳旧县坪遗址的考古成果最为丰硕，是山地类型城市考古的重要收获。云阳旧县坪遗址出土有墨书木牍、印章、封泥等大量遗物，其中熹平二年（公元 173 年）巴郡朐忍令雍陟所立德政碑"汉巴郡朐忍令景云碑"堪称国宝。遗址两侧发现有马沱（一名马粪沱）、张家嘴、富农井等汉晋时期墓地，应是这一时期朐忍县城的墓葬区。与之类似的还有巫山古城遗址，周边也环绕分布有江东嘴、土城坡、瓦岗槽、麦沱等墓葬区。

陶鼎

汉代
口径 16 厘米，腹径 20 厘米，
通高 14.8 厘米
秭归卜庄河墓群出土

器身扁圆，弧壁，底较平，曲尺形耳外撇，矮兽蹄形足，圆弧形盖。腹部饰一道凸弦纹。

陶钫

汉代
口边长 12.8 厘米，腹宽 21.4 厘米，
通高 38 厘米；
口边长 12.8 厘米，腹宽 22.6 厘米，
通高 38 厘米
秭归卜庄河墓群出土

　　左件方形，腹外鼓，圈足外撇，覆
斗形盖。口外绘制三道朱红色宽带纹、
三角形纹，腹部饰四道朱红色宽带纹，
其间绘制朱红色卷云纹，圈足上饰三道
宽带状朱红色纹，盖面饰一道宽带状朱
红色彩绘。右件上腹部绘有对称的示意
性铺首两个。

三峡文物保护

陶灯

东汉
高 27.9 厘米，宽 19.6 厘米，
灯盘口径 13.1 厘米
丰都汇南墓群出土
丰都县文物管理所藏

　　釉陶。底座为蟾蜍，上立熊形柱，
熊头顶圆盘形灯盘。

陶博山炉

汉代
高 15.5 厘米
万州武陵遗址出土
万州区博物馆藏

　　浅盘，细柄，圈足，山形盖，盖上
有烟孔。盖为褐色釉，器身为黄色釉。

陶壶

汉代
口径 15.4 厘米，高 34 厘米
忠县火电厂遗址出土
忠州博物馆藏

　　盘状侈口，束颈，溜肩，鼓腹，高圈足。
褐色釉，肩部饰铺首衔环和云山鸟兽纹。

陶屋

三国蜀汉
高 45 厘米
忠县涂井崖墓群出土
四川省文物考古研究院藏

　　泥质灰陶。庑殿顶，翘脊。拦板内
塑有人物。檐下有彩绘。

三峡文物保护

陶楼

东汉
通长 38 厘米，宽 12.6 厘米，
高 29.4 厘米
丰都冉家路口墓群沙包墓地出土
重庆市文化遗产研究院藏

　　夹细砂灰褐陶。仅存上层。悬山式
两面坡屋顶，顶中有脊，脊尾两端发戗，
两面坡各有五组筒瓦。房体为长方体空
心箱式，左右和后壁以薄板封闭，正面
为斗拱檐架结构，檐下中立一柱，柱上
施一斗三升托檐，立柱与拱及拱脚与檐
板连接处均施板形栌斗，左右有角柱，
柱上各有一板形栌斗承檐。楼外左右及
正面三面围廊，廊道栏杆镂空。模制。

陶房

六朝
长 39.2 厘米，宽 15.5 厘米，
高 45.5 厘米
丰都汇南祠堂梁子遗址出土
丰都县文物管理所藏

　　由上下两层楼组成。下层为两开间
布局，正面左右各施单扇房门；走廊中
立一柱，上施一斗三升托檐，柱顶及拱
脚檐板接连处均施栌斗，上层为平面屋
顶，平顶左右施对称阙楼，均为悬山式顶，
正面开单扇房门，房前侧及左右侧均有
走廊，外侧置有条形镂空围栏。

陶畜栏

汉代
长35.1厘米，宽17.5厘米，
高11.5厘米
丰都杜家坝墓群出土
丰都县文物管理所藏

　　釉陶。由长方形和圆形畜栏组成，圈栏饰长方形或三角形孔，两者之间饰圆孔相接。

陶畜栏

汉代
长 21.8 厘米，高 14.2 厘米，
宽 16.6 厘米
丰都汇南墓群出土
丰都县文物管理所藏

　　泥质红陶。平面呈长方形，圈栏上
有长方形、三角形孔。

陶井

东汉
高 31.2 厘米，口径 17.4 厘米，
底径 14.8 厘米
丰都杜家坝墓群出土
丰都县文物管理所藏

　　釉陶，由井罐和井亭组成。井罐敞口，
外翻沿，溜肩，腹部呈圆直筒形，平底，
罐腹饰两周凹弦纹。井亭两面坡屋顶，
屋下横梁中部设辘轳。

十连陶灶

东汉
灶通长 114.5 厘米，宽 22.5 厘米，
高 9-10.5 厘米，钵最大口径 12.2 厘米，
最小口径 10.3 厘米
忠县乌杨将军村墓地出土
重庆市文化遗产研究院藏

　　灶为泥质黑皮灰陶，钵为泥质灰陶。
灶为长条形，灶头平直，开方形灶门，
灶尾呈圆弧形，封闭，灶面上并排十个
圆形灶孔。灶孔上搁置十个钵，钵为敛
口，弧腹，平底。灶分两段制作，钵轮制，
火候较低。

185

三峡文物保护

巴渝神鸟

东汉
高 27 厘米，宽 16 厘米
丰都秦家院子遗址出土
重庆中国三峡博物馆藏

　　红陶。神鸟昂首站立，口衔珠，头部顶一个向后平伸的圆盘，双翅平伸作飞翔状，尾部残缺。

陶马

东汉
通长 58.4 厘米，通高 64.2 厘米
丰都汇南墓群出土
丰都县文物管理所藏

泥质红陶，由马头和马身组成。

陶镇墓兽

汉代
高 16.5 厘米，长 22.6 厘米
巴东东壤口墓群出土
恩施州博物馆藏

　　泥质红陶。空腔。双角垂长舌人面
形象。

陶狗

汉代
高约 28 厘米
丰都汇南墓群出土
丰都县文物管理所藏

　　泥质灰陶。空腔。身束襻带，上饰彩绘。

三峡文物保护

陶镇墓俑

汉代或成汉
高 55 厘米
奉节制药厂墓群出土
夔州博物馆藏

　　泥质灰陶。空腔。翘发袒胸踞坐人像，
头部形象怪异。

陶狗

东汉
通高 19.2 厘米，长 24.5 厘米
丰都冉家路口墓群沙包墓地出土
重庆市文化遗产研究院藏

　　泥质红陶。立姿。昂首，竖耳，露齿，
卷尾。颈及前胸套扁箍，交于后颈栓环
内。可见合范痕。

陶猪

东汉
通高 11 厘米，长 20.3 厘米
丰都冉家路口墓群沙包墓地出土
重庆市文化遗产研究院藏

　　泥质红陶。立姿。小耳，鬃毛高耸，体肥，四肢粗短，卷尾。可见合范痕。

陶子母鸡

东汉
通高 11 厘米
丰都冉家路口墓群沙包墓地出土
重庆市文化遗产研究院藏

　　夹细砂红陶。蹲伏状。昂首，尾略翘。背负一小鸡，两翅及腹下各伏一小鸡。可见合范痕。

陶摇钱树座

东汉
长底径 31.8 厘米，短底径 28.6 厘米，
高 41.9 厘米
忠县张家堡墓群出土
重庆市文化遗产研究院藏

　　摇钱树在东汉墓葬中常有出土，一般由陶基座和铜树干、树冠组成。此陶座为泥质红陶胎，器表施绿釉，底部少量褐釉。座身大体呈椭圆柱状，上小下大，中空。座底边饰一周重三角纹；座身表面由下至上分别浮雕抚琴人、舞人、鹿、龟、钱树、羽人骑奔鹿等图案；座顶端雕塑卧羊，羊四肢皆有羽翼，羊背上立中空圆柱，一人骑羊抱柱，圆柱与座身相通。火候较低，模制。

陶摇钱树座

东汉
通长 40 厘米，宽 27.4 厘米，
高 56.4 厘米
忠县乌杨将军村墓地出土
重庆市文化遗产研究院藏

　　此座作三山耸立状，山底和山体中部各以一平台连接，左右两山呈扁柱状，中间一山呈圆柱状。左边之山前立一柱，柱下部开一椭圆形门，柱上段残，山中部浮雕一人袖手站立于小径上，山顶部浮雕伏羲托日。中间一山上下中空，山中部有一山洞。右边之山与中间山之前立一圆柱，柱下部左侧有一圆门，柱上蜿蜒盘蛇一条，柱顶端有一平台，台上并排三人，皆头残，左边一人踞坐姿，余二人立姿，均双手执物。右边之山顶部浮雕女娲托月。泥质灰陶，火候较低。

陶摇钱树座

汉代
高 42.5 厘米，宽 25.5 厘米，厚 25 厘米
巫山土城坡墓地出土
巫山博物馆藏

　　陶座为山峦形，从上到下分为三层。
上层浮雕羽化神兽，中下层饰卷云纹和
几何纹。外施绿釉，因长期掩埋于地下，
一部分釉的表面变成了银色。

三
峡
文
物
保
护

陶摇钱树座

东汉晚期至蜀汉

通长 61 厘米，宽 42 厘米，高 61 厘米

丰都林口墓地出土

重庆市文化遗产研究院藏

　　泥质灰陶。总体为辟邪绕柱。底座为近半圆形薄板。底座中部靠前立一圆柱，柱中空，贯通底座，可嵌插摇钱树。柱上细下粗，上部有八细孔，嵌有五朵莲花，孔之间有一扁弯钩状饰，柱近顶端饰一周桃尖形叶片。辟邪昂首挺胸，头扭向左侧，双角竖立，一双小尖耳向两侧伸展，怒目，长眉搭耳。口大张作咆哮状，露出二十余颗牙齿，舌尖上翘。胡须弯曲下垂。仰颈，塌腰，翘臀，鼓腹垂地，鳍形脊，粗尾下垂于底座，尾部末端左右分叉，呈蛇形弯曲。辟邪四肢皆有卷曲羽翼，右前肢踩踏于底座上，跖掌着地，四爪趾抬空；左前肢搭于一山形扁柱上，爪趾下垂呈弯钩状；左后肢脚掌踏于一山形矮墩上，四爪上翘；右后肢向外斜踏底座。紧贴辟邪前胸矗立一山形柱，柱顶伏卧一鸱鸮，闭目，长喙，双翅下垂，三爪形足。辟邪背上踞坐一人，昂头，拱手。辟邪臀上有一蟾蜍，作攀爬状。辟邪前肢下伏一青龙，后肢下伏一白虎，龙虎怒目相向，张嘴露齿。

陶摇钱树座

汉代
高 34 厘米
忠县红星村墓群出土
忠州博物馆藏

　　泥质红陶，施白衣。器座为空腔，长方形。模制成卷角绵羊跪卧，背驮用于安置铜钱树的圆座，羊下为一只蟾蜍。

陶俑

东汉
通高 40.6 厘米
忠县乌杨将军村墓地出土
重庆市文化遗产研究院藏

泥质红陶。梳山形髻，束巾，面带微笑。亵衣圆领，外衣为裙，交领右衽，袖有荷叶形褶边，束腰，及地。左手掖袖提裙，右臂半曲上举，右腿横跨微曲，作舞蹈状。模制，可见合范痕，黏合处有刀修痕迹。

陶俑

东汉
通高 21.6 厘米
忠县乌杨将军村墓地出土
重庆市文化遗产研究院藏

　　泥质红陶。头戴尖帽，高鼻，深目，颧骨凸出。外衣交领，窄袖，下着裤。左腿踞坐，右腿屈膝蹲立，双手握箫，箫抵于右脚上，作吹奏状。模制，可见合范痕。

陶俑

汉代

高 25 厘米

丰都汇南墓群出土

丰都县文物管理所藏

　　泥质灰陶。空腔。戴帽人物踞坐吹箫。
人物形象为高鼻深目，似为胡人。

三峡文物保护

陶俑 三国蜀汉
高 40 厘米
忠县涂井崖墓群出土
四川省文物考古研究院藏

　　泥质灰陶。人物高髻饰簪花，跽坐
抚耳倾听。

陶俑

三国蜀汉
高 46 厘米
忠县涂井崖墓群出土
四川省文物考古研究院藏

泥质灰陶。人物高髻簪花，踞坐
抚琴。

三 峡 文 物 保 护

陶俑

三国蜀汉
高 44.2 厘米
忠县涂井崖墓群出土
四川省文物考古研究院藏

　　泥质灰陶。人物系巾，身前案上置
各类果蔬鱼禽。

陶俑 汉代
高 18.5 厘米
丰都汇圁墓群出土
丰都县文物管理所藏

泥贡褐陶。实心。立人右手上举扶持头顶之罐类器物。

陶俑 汉代
高 21 厘米
丰都汇南墓群出土
丰都县文物管理所藏

细砂红陶。空腔。戴冠妇人盘坐抱子哺乳。

陶俑

汉代
高 40 厘米，宽 24.5 厘米，厚 21 厘米
巫山九码头墓地出土
巫山博物馆藏

　　灰陶质，模制而成。跪坐，身体轻轻向左倾斜。头戴簪花，面露微笑，身着交领长衣；左手持盘，右手持碗，盘内有各种食品模型。

陶瓦当

汉代
直径 15.2 厘米
云阳旧县坪遗址出土
云阳博物馆藏

泥质红陶。通体呈圆形，无格界，篆书"万岁未央"四字，字体部分随外廓圆形变化而变化。

陶瓦当

汉代
当面直径 16 厘米
巴东旧县坪遗址出土

　　泥质灰陶。当面圆形，后面瓦身已残，宽缘凸起，纹饰分两区，外区饰四组 "T" 字形卷云纹，内区饰方格纹。

陶封泥

汉代
直径约 2.7 厘米
云阳李家坝遗址出土
云阳博物馆藏

　　圆形。正面有阳文"胸忍丞印"，背面有封在简册绳索上的印痕。

陶象棋

东汉
直径 2.7 厘米，厚 1.1 厘米
万州礁芭石墓群出土
万州区博物馆藏

　　灰陶。器身呈圆饼状，一面阴刻篆体"帅"字，另一面刻两道平行直线。

陶象棋

南北朝
直径 3.1 厘米，厚 1.3 厘米
万州老棺丘墓群出土
重庆中国三峡博物馆藏

　　红褐陶。圆饼形，上刻"俥"字。

陶画像砖

东汉
长 39.5 厘米，宽 16.5 厘米，
高 10.2 厘米
开县竹溪镇红华村采集
开州博物馆藏

　　方形砖，正面七个身着下宽上窄斜
襟长袍的舞者手拉手翩翩起舞。领舞者
头戴冠，右手执锤，第六位舞者头发结髻，
向右方呈飘逸状。领舞者右侧有铭文"镇
沛作"。整幅画面线条流畅，生动有趣。

陶画像砖

东汉
长 41.6 厘米，宽 20.5 厘米，
高 12.5 厘米
开县汉丰迎仙出土
开州博物馆藏

　　画像砖正面刻绘由两组图案构成，上层是七个奔跑的人物，下层由六匹奔跑的马及一辆马车组成。整幅图案形象生动，富有节奏感。

陶砚

六朝
长 13.4 厘米，宽 8.6 厘米，高 9.6 厘米
巴东东壤口墓群出土

　　泥质灰陶。体作狮状，爪足呈蹲踞状，背驼砚池，头部脑后作一笔筒，四脚踩一平板。眼球施红色，余处施棕色，胡须与毛发饰刻划线纹。

瓷盖罐

六朝
高 8.6 厘米
秭归向家坪墓群出土
秭归县屈原纪念馆藏

青瓷。折盘盖，瓜形钮，敛口，扁鼓腹，肩部有对称的四个系穿。

瓷钵

六朝
高 6 厘米，口径 15.6 厘米
秭归向家坪墓群出土
秭归县屈原纪念馆藏

青瓷。侈口，斜壁，平底。

三峡文物保护

瓷鸡首壶

六朝
高 16.5 厘米
秭归向家坪墓群出土
秭归县屈原纪念馆藏

　　青瓷。盘口，细颈，广肩，鼓腹，平底。肩和口部有执柄相连，肩上有鸡首状管流，两侧有鞍状系耳。

瓷盘口壶

六朝
高 11.8 厘米
秭归向家坪墓群出土
秭归县屈原纪念馆藏

　　青瓷。盘口，束颈，广肩，鼓腹，平底。肩部有对称的四个系耳。

瓷虎子

六朝
高 16.8 厘米
秭归向家坪墓群出土
秭归县屈原纪念馆藏

　　青瓷。胖体，粗流，长桥状执耳，四短足，流上方饰有动物形装饰。

铜鼎

西汉
口径 13.4 厘米，腹径 17.8 厘米，
通高 14.2 厘米
宜昌前坪墓群出土

　　器身扁圆，曲形耳稍外撇，子口方唇。
腹部一道凸棱，上腹壁较直，下腹弧内收，
圜底。腹部附三个矮兽蹄足。半球形盖，
盖上饰三个轭形钮。

铜鼎

汉代
腹径 14.6 厘米，两耳宽 16.3 厘米，
高 14.3 厘米
巫山西坪匹队出土
巫山博物馆藏

　　盖、身紧扣呈扁圆球形，半圆球形盖顶均匀布三环钮，鼎身为子母口，微敛，深鼓腹，圜底，三蹄足。腹中部饰凸棱纹一周，两侧各附一长环形外撇立耳，通体呈绿锈色。此鼎出土时即为全封闭状态，至今仍保留有近 1/3 数量的液体。

铜镎于

汉代
虎钮长 15.2 厘米，高 6.5 厘米，
肩长径 29.2 厘米，短径 24.2 厘米，
口长径 17 厘米，短径 14.8 厘米，
通高 46 厘米
秭归县屈原纪念馆藏

　　顶部为椭圆形平盘，盘口外侈，盘中置虎钮。盘上铸鱼纹、船纹、五铢钱等纹饰组合。虎四肢伫立，作奔跑状，曲背，尾端上卷。器身隆起，全器最大径在肩部，从肩往下直至口部收为椭圆直筒状。

铜錞于

西汉
虎钮长 15.2 厘米，高 6.5 厘米，
肩长径 29.2 厘米，短径 24.2 厘米，
口长径 17 厘米，短径 14.8 厘米，
通高 46 厘米
秭归水田坝遗址出土

顶部为椭圆形平盘，盘口外侈，盘中置虎钮。虎四肢伫立，作弓身欲奔状，曲背，尾端上卷。虎身饰卷云纹。器身隆起，全器最大径在肩部，从肩往下直至口部收为椭圆直筒状。

三峡文物保护

铜雁形尊

西汉
高 39 厘米，长 45 厘米
巫山出土
重庆中国三峡博物馆藏

　　雁呈卧姿，长颈，满身饰阴刻羽纹，
背部及尾部各有一小环。

铜钲

西汉
通长 26.7 厘米，宽 10 厘米，
柄长 13 厘米
巫山土城坡墓地出土
巫山博物馆藏

　　六棱长柄略往一侧斜，上部有箍棱，
柄尾套有匜形环钮；腔体扁圆狭长，口
较平，两铣多出成犄角状。胎厚重，范铸，
腔体有明显的合范线。

三峡文物保护

铜釜甑

汉代
口径 30.5 厘米，通高 34.8 厘米
宜昌前坪墓群出土

　　上下连体式。甑为宽平沿，折肩，
弧腹，圈足，内底有对称式条状蒸孔。
釜扁球状，平底，中部一道带状宽沿。
上以圈足下以直口相对接，上下各有对
称铺首衔环。

铜钫

汉代
口边长 10.7 厘米，腹宽 21.7 厘米，
通高 42.4 厘米
秭归卜庄河墓群出土

斗状盖，子母口，上饰四"S"形钮。
身作直口，方腹弧鼓，方圈足。饰对称
铺首衔环。

铜钫

西汉
口边长 8.5 厘米，腹宽 16.9 厘米，
底边长 10.2 厘米，通高 28.8 厘米
宜昌前坪墓群出土

　　方口微侈，方唇，束颈，鼓腹，圈
足外撇，上腹饰对称的铺首衔环。方形
子母口盖，平面呈梯形，四隅各饰扁"S"
状钮。

铜钫

西汉
口边长 8.3 厘米，腹宽 16.6 厘米，
底边长 10.7 厘米，通高 32.8 厘米
宜昌前坪墓群出土

斗方状子母口盖，饰"S"形四钮。
口微敞，方唇内折，腹四角外弧，微鼓腹，
圈足，肩饰对称铺首衔环。

铜钫

东汉
口径 10.5 厘米，足径 12 厘米，
高 30 厘米
万州天丘墓地出土
万州区博物馆藏

　　圆唇，方口外侈，平沿，束颈，鼓腹，
方足，腹部饰对称铺首衔环，底部有铭
文"王氏日入千万"。

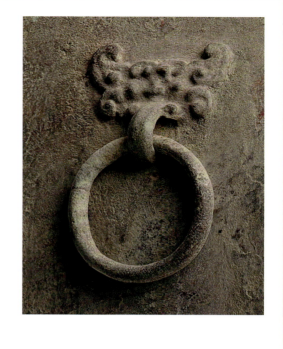

铜钫

东汉晚期
口径 8.6 厘米，底宽 9.1 厘米，
通高 34 厘米
涪陵珍溪方家拉丝厂出土
涪陵区博物馆藏

　　范铸。钫呈四棱形，带盖。盖呈覆斗形，顶端四扁钮。钫敞口，方唇，束颈，弧腹，低矮圈足，两侧面各有一铺首衔环。

铜壶

秦代
口径 3.2 厘米，腹径 32 厘米，
高 29.5 厘米，厚 8.5 厘米
巫山土城坡墓地出土
巫山博物馆藏

　　直口，方圆唇，口颈接合部塑造为
六瓣蒜头形，短颈，扁腹，长方形圈足，
肩部饰对称铺首衔环。范铸而成。

铜壶

秦代
口径 3 厘米，底径 10.2 厘米，
腹径 17 厘米，高 30 厘米
巫山土城坡墓地出土
巫山博物馆藏

直口，方圆唇，口颈接合部塑造为
六瓣蒜头形，长细颈，扁鼓腹，圈足略
外撇。颈下部饰箍带纹一周，足底部中
心有一环。范铸而成。

铜壶

秦代
腹径 20 厘米，高 29.7 厘米
宜昌前坪墓群出土

　　蒜头式小直口，高细颈，扁鼓腹，
圈足微侈，颈部一道凸箍。

**铜
壶**

秦代
口径 2.2 厘米，腹径 20.1 厘米，
圈足径 11.2 厘米，高 29.1 厘米
宜昌前坪墓群出土

　　蒜头式短直口，方唇，细长颈，颈
下端略粗，溜肩，扁圆鼓腹，圈足外撇，
颈中偏下部饰凸棱两层。通体较为光滑。

铜壶

东汉中期
口径16厘米，足径22.9厘米，
高35厘米
涪陵北拱水盈村墓群出土
涪陵区博物馆藏

　　直口，唇缘内折，长颈，溜肩，鼓腹，喇叭口高圈足。肩部饰对称两铺首衔环，壶肩下缘饰锯齿纹一周，腹部凹弦纹七道。壶口刻有铭文，释文："永初元年二月廿九日龚巨志作任用二百口治作四千五百。"

铜壶

汉代
口径 9.6 厘米，腹径 16.5 厘米，
高 33 厘米
秭归卜庄河墓群出土

　　敞口，平沿，长弧颈，鼓肩，下腹斜收，
圈足较高，下外侈。颈饰倒垂三角云纹，
腹及圈足饰应组带状三角云纹，肩饰对
称铺首衔环。

铜鍪 汉代
口径 13.6 厘米，腹径 18.4 厘米，
高 15.3 厘米
秭归窑湾遗址出土

侈口，高领上细下粗，折肩，扁鼓腹，
圜底，肩饰对称一大一小圆环耳。折肩
部下饰一圈凸弦纹。

铜鍪 汉代
口径 10.5 厘米，肩径 15.2 厘米，
高 11.4 厘米
秭归卜庄河墓群出土

器体矮胖。折肩，颈内收，侈口，斜沿，
尖唇，扁腹外鼓，圜底，肩饰对称一大
一小圆环耳。大环耳刻有多股绳索纹，
肩下饰一道细凹弦纹。

铜盨

东汉
口径 26.9 厘米，腹径 25 厘米，
足径 15.2 厘米，高 16 厘米
巫山麦沱墓群出土
巫山博物馆藏

　　侈口，宽折沿外撇，深腹微鼓，高
圈足。腹部饰凸弦纹四周及铺首衔环一
对，器表鎏金。范铸而成。

秦汉至六朝时期

铜釜

西汉
口径 12.5 厘米，底径 13.5 厘米，
高 19.5 厘米
忠县乌杨将军村墓地出土
重庆市文化遗产研究院藏

直口，扁圆腹，平底，四乳丁状支足。
肩有二对称铺首衔环，腹中部有一圈宽
凸棱。范铸，铺首衔环、凸棱及乳丁足
先分铸，再与器身合铸。

铜盘

汉代
口径 16 厘米，底径 12 厘米，高 1.8 厘米
巴东将军滩墓群出土

敞口，平底，盘内底部中央饰有一圈太阳状纹饰，中间有一鱼纹，盘的口沿处饰有菱形花纹。

铜洗

汉代
口径 42.8 厘米，腹径 38 厘米，
底径 25 厘米，高 20 厘米
巴东博物馆藏

侈口，束颈，鼓腹，肩部饰四道凸弦纹，平底。腹部两侧对称各有一兽面鼻钮，在器内底面上用阳线铸成一只绵羊图案和三组符号。

铜卮

西汉
口径 10.4 厘米，底径 10.4 厘米，
通高 18.3 厘米
万州礁芭石墓群出土
万州区博物馆藏

　　子母口，盖立三鸟形饰件，筒形身，
身上部饰"6"形鋬，筒身饰两道凸棱纹。
器表通体鎏金。

铜灯

西汉
外口径 29.1 厘米，底径 21 厘米，
高 41.2 厘米
忠县乌杨将军村墓地出土
重庆市文化遗产研究院藏

　　灯盘呈环状凹槽形，内有三隔断，将灯盘均分成三段，每段内有一枚支钉形炷即烛钎，可燃三炷灯火。灯柱上端发三叉，承托灯盘，下段为实心圆柱，中部凸出，下接座。底座呈覆盘形。范铸，灯盘、柱、座先分铸，再合铸。

三峡文物保护

铜灯

汉代
长14.5厘米，宽8厘米，高13.5厘米
巫山龙洞一队汉墓出土
巫山博物馆藏

　　盖身扣合为羊形中空跪姿造型。长卷角，张口，长须垂至颈部，后颈处有活销与背部衔接，启用时，将羊背上翻至羊头顶，即为灯盘，盘中铸尖钉，可盛油照明，羊尾镂小圆穿。范铸而成。

铜灯

西汉
口径 11.1 厘米，底径 9.3 厘米，
高 16.4 厘米
宜昌前坪墓群出土

　　豆盘盘底较平，盘正中为一锥状灯
芯，宝瓶状柄，圆盘状器底垫，座面弧形，
面上三层凸棱体。

铜灯

汉代
高 72 厘米，底径 15 厘米
忠县新田湾遗址出土
忠州博物馆藏

　　蒜头喇叭形圈足，蒜头上套接一圆环，环中一四肢伸张的熊人裸体造型，上部套接高枝灯盘，左右各套接一曲枝灯盘。造型生动，结构合理。

铜熏炉

西汉
口径 10.5 厘米，底径 9.6 厘米，
高 19.5 厘米
宜昌前坪墓群出土

　　子口微敛，扁腹，下腹内收较甚，
圆底较平，底部正中一短圆柱形柄，中空，
与器座上圆柱形柄对接，柄上有穿，用
以固定。圆盘形底座，座柄上端四道凸棱。
半球形盖，饰镂空蟠螭纹，鸟形盖钮。

铜带钩

西汉
长 10.5 厘米，宽 1.6 厘米，高 1.5 厘米
巫山水泥厂墓地出土
巫山博物馆藏

　　弓形，中隔柱伞形，一端向弓背弯
曲成钩。实心圆条状，范铸而成。

铜带钩

汉代
长 10.1 厘米，宽 2.1 厘米，高 1.5 厘米
巫山下西坪墓群出土
巫山博物馆藏

　　似虎形，范铸而成。

铜带钩

汉代
长 8.5 厘米，宽 2.5 厘米
巫山高埠六组汉墓出土
巫山博物馆藏

　　钩头为一兽首，钩身弯曲状，上镂空雕刻一鸟的侧面像，钩身背面三分之二处附一圆形钮。范铸而成。

铜带钩

汉代
长 13.5 厘米，宽 5 厘米
恩施州博物馆藏

　　形似虎状，张嘴，前爪前伸，后爪后蹬，尾端回卷成钩状。做工精致，纹饰清晰。

三峡文物保护

铜带钩

西汉
长 8.1 厘米，宽 3 厘米
巫山高唐观遗址出土
重庆中国三峡博物馆藏

整体呈琵琶形，钩头作蛇首，钩身
中部镶一圆形玉，圆钮位于钩下方中部。

铜带钩

汉代
长 13.6 厘米
涪陵北拱墓群出土
涪陵区博物馆藏

铜带钩 〉 汉代
长 12.8 厘米
涪陵北拱墓群出土
涪陵区博物馆藏

铜带钩 〉 汉代
长 10 厘米
秭归卜庄河墓群出土
秭归县屈原纪念馆藏

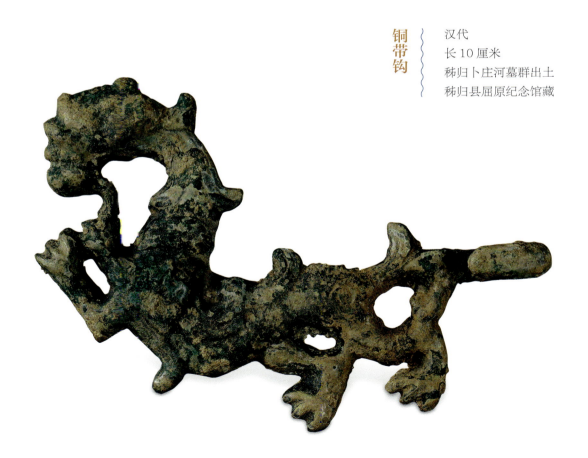

三峡文物保护

铜带钩

六朝
长 11 厘米，钉柱头径 1 厘米
巴东蔡家包墓地出土

长条体，六棱，兽头形弯钩。

铜饰件

东汉
通长 39 厘米，通高 15.5 厘米，
厚约 0.06 厘米
巴东宝塔河墓群出土

片状，璜形，表面鎏金。两端为龙首，
张嘴卷鼻。正中半月形环供挂系。

铜镜

汉代
直径 11.8 厘米，厚 0.5 厘米
巫山麦沱墓群出土
巫山博物馆藏

　　圆形，圆钮，座外一个细线小方格和一凹面大方格，格内每边缘有篆体二字铭，读为："见日之光，天下大明"，方格四内角为方形图案，四外角伸出双瓣花枝纹，四乳丁及桃形花苞两侧各一对称单层草叶纹，近边处一圈弧纹。范铸而成。

铜镜

汉代
直径14厘米，厚0.9厘米
兴山古夫墓群出土

镜面微凸，半球状钮，钮外浮雕龙虎相斗纹，外区铭有："左龙右虎辟不羊（祥）朱雀玄武顺阴阳，长保二亲乐未央，□□□作竟（镜）大日像"共29字。镜外缘饰三组齿状纹。

铜镜 西汉
直径 10.36 厘米，厚 0.49 厘米
宜昌前坪墓群出土

　　圆形，小桥形钮，面凹，浅浮雕几
何纹及变形龙纹，方框座，框内饰有铭文。

三峡文物保护

铜镜 西汉
直径 9.9 厘米，厚 0.3 厘米
宜昌前坪墓群出土

　　镜呈圆形，钮中间一乳丁，周围八
个小乳丁相绕，形成连峰式钮，镜的背
面分四区饰满乳丁纹，边缘饰十六花瓣。

铜镜 汉代
直径 7.4 厘米，厚 0.2 厘米
巴东将军滩墓群出土

　　半球形钮，镜面分两区，内区为两
瑞兽，外区为几何纹样，图案立体感强。

铜镜

西晋
直径 11.8 厘米，厚 0.5 厘米
巫山水泥厂墓地出土
巫山博物馆藏

　　圆形，圆钮。座外双线方格。内区里
T 形纹配置两枚带圆座的乳丁纹，空间
内饰对称鸟禽纹。近缘处为辐射纹，宽边
缘上饰锯齿纹两周夹弦纹圈。范铸而成。

铜马

汉代
通长 83.5 厘米，宽 21.6 厘米，
高 91 厘米
云阳杨沙墓群出土
云阳博物馆藏

　　马首微颔，口微张，鬃毛耸立，马尾飞扬，四蹄作奔跑状。由范铸拼接而成，在其颈部、腿部、尾部可见明显拼接痕迹。

铜俑

东汉
通高 46 厘米，宽 9.1 厘米
涪陵长江北桥头汉砖墓出土
涪陵区博物馆藏

　　武士俑。外披铠甲，右手作持长兵状，威严挺立，神态英武。整体塑造手法比较简洁，无过多虚饰。

铜俑

东汉
通高 50 厘米
开县竹溪镇红华村东汉崖墓出土
开州博物馆藏

　　该人物俑头戴冠帽，着深衣，眉目清晰，右手平握。整体形象显得笑容可掬，给人平易近人的亲切感。

铜俑

东汉
长 44 厘米，宽 10 厘米，厚 6.6 厘米
万州塘坊墓群出土
万州区博物馆藏

　　武士俑。头戴冠，阴刻弯眉，鼓目圆睁，挺鼻，阴刻胡须，双耳，右衽长袍，右臂下垂，左手执盾，双足穿靴外露。

铜俑

东汉
长 42 厘米，宽 9 厘米，厚 6 厘米
万州塘坊墓群出土
万州区博物馆藏

　　拱手侍立，头戴冠，面容饱满，鼻挺，胸前阴刻波浪纹线条，拱手于胸前，宽袖长袍，双足外露。

铜环首刀

东汉
长 20.3 厘米，柄宽 3.2 厘米，
身宽 1.? 厘米
巫山土域发墓地出土
巫山博物馆藏

　　直柄，柄端伸入环首中，直背，单面刃，偏锋。通体鎏金，刀身两面用细线刻划出流畅的卷云纹。

秦汉至六朝时期

265

铜环首刀

汉代
通长30.3厘米，宽4厘米
云阳丝栗包遗址出土
云阳博物馆藏

　　刀身笔直修长，刀的环首、刀背、刀身以错金银工艺满饰细密的波浪纹。

铜弩机

汉代
长 10 厘米，宽 4 厘米，高 12 厘米
巫山出土
巫山博物馆藏

　　弩的发射构件由郭、望山、悬刀、
牙等组成，整个机件用两颗铆钉固定。

三峡文物保护

铜刺 〉 东汉
通长 38 厘米
万州燕窝崖墓群出土
万州区博物馆藏

　　断面为三棱形，短茎，圆格，格身
被连续切割四个镂空三角，格顶被切割
成三角形，镂空套于铜刺上，刺身每个
平面中间从格到刺尖有一道凹槽。

铜鸠杖首

西汉
通长 7.2 厘米，高 2.7 厘米
渝北赵家湾遗址出土
重庆市文化遗产研究院藏

　　鸠杖首为杖顶端横出的扶手，一般
为木雕，乞有铜制。此杖首上部做成鸠
鸟形，两腿蜷曲，俯卧状，反首以喙抒
羽。下部呈扁圆柱状，中空，两短侧边
均有开口，一长侧边穿一小圆孔。范铸，
鸠首制作精美，形象生动。

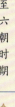

秦
汉
至
六
朝
时
期

铜鼠镇

汉代
宽 6.5 厘米，高 8.9 厘米
秭归八字门墓群出土

均直坐式。头部耸垂，两耳张竖，双眼平视，耸肩直身，上肢微张，两爪各扶膝上，下肢右跪左蹬曲，垂腹，脐周饰三角纹，臀部着地。背面扁平下连半圆平座，座上一方形穿孔。通体鎏金，鼠面及毛刻划清晰。

铜佛像摇钱树

东汉
座长 15.2 厘米，高 7.3 厘米
丰都槽房沟墓群出土
重庆中国三峡博物馆藏

　　摇钱树底座呈覆斗形，底大顶小，正方形顶部有孔，一斜侧面刻有"延光四年五月十日作"纪年。"延光"为东汉安帝年号，"延光四年"为公元 125 年。铜佛像残高 5 厘米，为摇钱树的一部分，火焰状发饰，肩披袈裟，右手施无畏印，左手提袈裟，下部残。该佛像是目前长江中游地区发现最早的有确切纪年的佛像。

三峡文物保护

铜印 ｝ 秦汉
边长 1 厘米，厚 0.8 厘米
涪陵镇安遗址出土
涪陵区博物馆藏

　　制作精美，章法严谨、笔势圆转，
用刀如刻如凿，书法风格舒放自然，展
现了当时的篆刻风格。

铜印 ｝ 汉代
长 2.4 厘米，宽 2.3 厘米，通高 2.4 厘米
兴山古夫墓群出土

　　桥钮方体，圆系孔，印体略呈长方
斗形，印面阴刻"诏假司马"四字。

鎏金铜棺饰

汉代
直径 27.6 厘米
巫山东井坎墓群出土
巫山博物馆藏

　　薄片，中间有小圆孔。剔刻阳纹双
阙和端坐人物，间饰卷云纹。

三峡文物保护

鎏金铜棺饰

汉代
直径 27 厘米
巫山高唐观遗址出土
巫山博物馆藏

　　薄片，中间有小圆孔。镂刻云龙地纹，
剔刻阳纹双阙和端坐人物。

鎏金铜棺饰

汉代

直径 23.6 厘米

巫山江东嘴墓群出土

巫山博物馆藏

薄片，中间有小圆孔。剔刻阳纹双
阙和端坐人物，间饰云草、瑞兽。

鎏金铜棺饰

汉代
对角线长 40 厘米
巫山南陵墓群出土
巫山博物馆藏

薄片，中间有小圆孔。全形作柿蒂状。

鎏金铜棺饰

汉代
长 17.2 厘米，高 11.5 厘米
巫山巫福公路征集
巫山博物馆藏

　　薄片，中间有小圆孔。镂刻出西王
母端坐龙虎上形象，顶有已残的朱雀，
侧有巫人。

三
峡
文
物
保
护

铜泡钉
东汉
直径 5.1 厘米，高 2.3 厘米
巫山出土
巫山博物馆藏

　　范铸而成一帽形。器表鎏金，线刻
卷云纹。后背含钉。

铜泡钉
东汉
长 7.6 厘米，高 2.6 厘米，宽 3.4 厘米
巫山土城坡南东井坎东汉墓出土
巫山博物馆藏

　　范铸而成一蝉形。器表鎏金，线刻头、
身躯、双翼，身躯布满卷云纹。后背含钉。

鎏金铜棺饰

东汉
高 22 厘米，宽 4.8 厘米，厚 0.1 厘米；
高 37.5 厘米，宽 12.5 厘米，厚 0.1 厘米
巫山九码头汉墓出土
巫山博物馆藏

　　人形站姿薄片。用阴刻细线表现人物的服饰及面部特征，均头戴冠，侧面站立，身着长服；器表鎏金，腰部镂一不规则椭圆钉孔，背素面。

三峡文物保护

鎏金铜棺饰

东汉
直径 28 厘米，厚 0.1 厘米，
棺钉直径 6 厘米，高 4.2 厘米
巫山土城坡墓地出土
巫山博物馆藏

　　圆形铜薄片。器表鎏金，中部有圆形钉孔，附一圆形棺钉。东王公肃穆盘坐于穿下，头戴冠，蓄八字形胡，着袍，双手合于胸前，胸、背有羽形饰。东王公两侧各立一重檐楼阙，双阙间有人字形间蓬，上立一白虎。圆牌左侧饰一青鸟，右侧为甘木。背素面。

鎏金铜棺饰

汉代
长 17 厘米，宽 8.9 厘米，厚 0.05 厘米
巫山巫福公路汉墓出土
巫山博物馆藏

　　人形站姿薄片，用阴刻细线表现人
物的服饰及面部特征，其头戴冠，浓眉
大眼，蓄八字形胡，身着右衽长服，胸
部饰卷草纹，双手执一面长牌，器表鎏金、
银，腰部镂一不规则椭圆钉孔，背素面。

铜熨斗

六朝
通长 37 厘米，口径 16.3 厘米，高 4 厘米
秭归县屈原纪念馆藏

　　体呈盆形，敞口，折沿，沿面内凹，沿内上、下部均饰有凹弦纹数道，浅腹，平底，器身接有一直兽首长扁柄。

铜镳斗

六朝
口径 16 厘米，通高 11.6 厘米
秭归县屈原纪念馆藏

　　体呈盆形，敞口，宽折沿，沿面内凹，内沿上部有四道凹弦纹，浅腹，圜底，三扁形长足。兽首柄上曲与器身分铸铆接，龙首长吻，张口衔一珠，鼓额，额上有一角。

玉璜

西汉

长 8.2 厘米，宽 2.2 厘米

涪陵小田溪墓群出土

重庆中国三峡博物馆藏

玉质青白色，璜两端有红褐色沁。扁平体，呈扇形。璜两端雕成龙头形，杏仁眼，口部镂空成一穿孔。璜体用阴线刻简单线条，顶部有一圆形小穿孔。

玉璜

西汉

长 7.6 厘米，宽 2.3 厘米

涪陵小田溪墓群出土

重庆中国三峡博物馆藏

玉质黄色，半透明，温润光泽。扁平体，呈扇形。璜两端线刻张口露齿龙首，杏仁眼，口部镂空成一穿孔，两端有褐色瑕疵及浸蚀。璜体用阴线刻简单线条，顶部有一圆形小穿孔。此玉璜采用线刻和镂雕两种工艺，增强了玉璜的对称美，充满玲珑剔透的生动感。

玉璜

西汉

长 4.8 厘米，宽 1.2 厘米

涪陵小田溪墓群出土

重庆中国三峡博物馆藏

玉质黄色，半透明，温润光泽。扁平体，半璧形。两端雕成龙头形，龙吻前伸，向上弯曲，口部镂空成一穿孔。两面纹饰相同，周缘有阴刻轮廓线，表面用阴线刻出卷云纹。璜两端各有两穿孔，顶部亦有一穿孔。

三峡文物保护

玉印 西汉
长 2.3 厘米，宽 2.3 厘米，高 1.6 厘米
宜昌前坪墓群出土

　　长方形，面隆起，顶上四方起棱，
形成一小方形钮，有一穿孔，是系孔，
印文为篆书。

玉璜 西汉
长 9.6 厘米，宽 2.3 厘米
宜昌前坪墓群出土

　　玉质米黄泛红褐色。长方形，右端
内卷，左端透雕花尾走龙。正面饰云纹
和谷纹，背面有一长方形孔（残缺）。

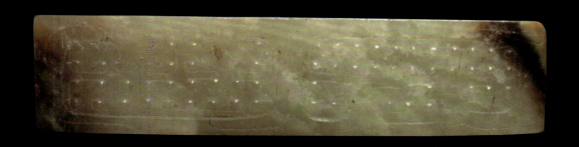

玉璏 西汉

长 9.6 厘米，宽 2.3 厘米

宜昌前坪墓群出土

　　玉质米黄，局部泛红褐色。长方形，两端内卷，背面一长方形穿孔。正面饰云纹和谷纹。

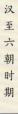

三
峡
文
物
保
护

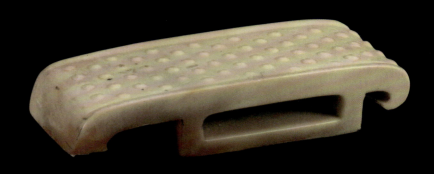

玉璏 汉代
长 6.66 厘米，宽 2.56 厘米
宜昌前坪墓群出土

　　玉质米白色。长方形，两端内卷，
背面一长方形穿孔。正面饰谷纹。

玉璏 汉代
长 6.8 厘米，宽 2.33 厘米
宜昌前坪墓群出土

　　玉质米黄泛红褐色。长方形，一端
内卷，一端有一长方形孔（残缺）。正
面上下端弦纹，中为云纹和谷纹。

玉琀 汉代
上宽 5.94 厘米，下宽 6.92 厘米，
高 3.73 厘米
宜昌前坪墓群出土

玉质褐色。近梯形，上下端磨平，
两腰内弧，截面呈两端锥形椭圆形，正
反两面均饰卷云纹，上端有一圆形直孔，
两侧为两椭圆形斜孔。

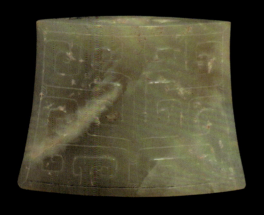

玉琀 汉代
上宽 4.9 厘米，下宽 5.9 厘米，
高 4.5 厘米
宜昌前坪墓群出土

玉质黄褐色。通体略呈扁柱体，横截
面呈纺锤形，纵截面略呈梯形，两腰内弧，
上端正中有一圆直孔，两侧各有一斜孔，
并与直孔相通，两面饰卷云纹。

三
峡
文
物
保
护

滑石猪 六朝
长 6.5-6.9 厘米，宽 1.5 厘米，
高 2.1 厘米
秭归卜庄河墓群出土

　　形制基本相同。均为灰黄色滑石。
呈长条形卧式。

玉觿 西汉
长 10.5 厘米，宽 1.2 厘米
涪陵小田溪墓群出土
重庆中国三峡博物馆藏

　　玉质青白色。觿上端为龙首，圆眼，
嘴部透雕成孔，龙身鱼鳞纹，其后连接一
鸟形头部，勾喙，圆眼出梢。此件玉觿
玉质莹润，雕琢十分细腻、纹饰刻划精美。

银簪

三国蜀汉

长 23.3 厘米，宽 2 厘米，厚 1.7 厘米

巫山龙头山遗址出土

巫山博物馆藏

整体呈"U"字形。一端分为两股分叉，端部尖锐；另一端为圆弧，顶饰簪花。

银簪

西晋
长 25.8 厘米，宽 1.3 厘米，厚 0.25 厘米
巫山江东嘴墓群出土
巫山博物馆藏

整体呈长条形，一端弯曲呈一小钩状，端部尖锐；另一端镂空呈双层花托形。

金钗

西晋
长 15.1 厘米，宽 1.9 厘米
巫山双堰塘遗址出土
巫山博物馆藏

　　铸造而成，整体呈 "U" 字形。一端
弯曲呈一小钩状，端部尖锐；素面。

金虎坠

西晋
长 1.2 厘米，宽 0.5 厘米，高 0.8 厘米
巫山江东嘴墓群出土
巫山博物馆藏

　　浇铸成型。老虎昂首挺胸，卧姿；
表面錾刻点纹。

金戒指 西晋

直径 1.8 厘米，厚 0.1 厘米

巫山双堰塘遗址出土

巫山博物馆藏

铸造而成，呈圆形，素面。

金手镯 东汉

直径 6.7 厘米，厚 0.3 厘米

巫山大溪村墓地出土

巫山博物馆藏

圆形，素面

金印

汉代
边长约 3.2 厘米
重庆市征集
重庆中国三峡博物馆藏

方形，龟钮。阴刻"偏将军印章"。

玛瑙珠

南朝
直径 1.2 厘米
万州瓦子丘遗址出土
万州区博物馆藏

球形，红褐色，中有穿孔。

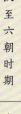

景云碑

汉代
高 240 厘米，宽 95.5 厘米，厚 21.5 厘米
云阳旧县坪遗址出土
重庆中国三峡博物馆藏

　　景云碑碑额正中雕"妇人启门"图，左右为朱雀和兔首人身像，碑侧浮雕青龙、白虎，中间为隶书碑文，碑文 13 行共 367 字，记载了汉代朐忍县令景云的生平事迹。该碑雕刻神采焕然，书法清新优美，为汉碑中的精品，是三峡考古的重大收获，具有历史、美学、宗教、神话等多方面的价值和意义。

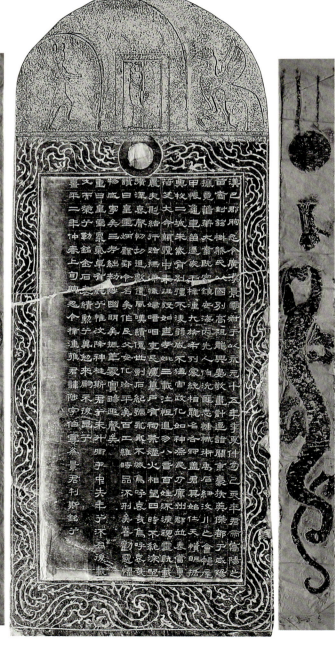

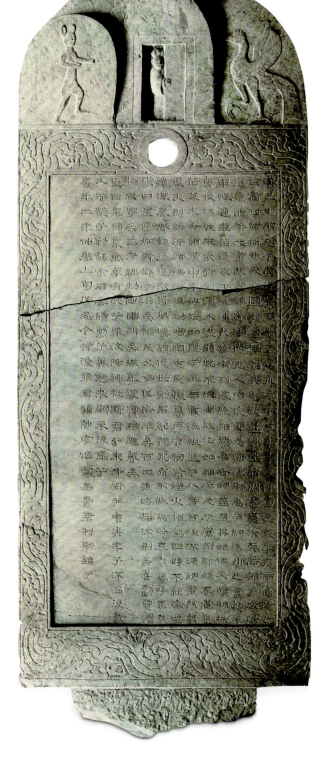

乌杨石阙

汉代
主阙通高 5.4 米，顶宽 3.2 米，
进深 1.7 米；子阙高 2.6 米
忠县花灯坟墓地出土
重庆中国三峡博物馆藏

　　石质砂岩。主阙自上而下依次由脊饰、阙顶盖、上枋子层、扁石层、下枋子层、主阙体、阙基七部分构成。上雕刻有当时生活场景、神话传说、飞禽走兽。

舞蹈者石刻

汉代
长 75.7 厘米，宽 21 厘米，高 22 厘米
丰都汇南墓群出土
重庆中国三峡博物馆藏

画面左侧以浮雕手法刻划一个舞者兴奋雀跃的形象，其左手臂高举，双腿高抬，似在欢快舞蹈。

虎形石刻

汉代
长 61 厘米，宽 22 厘米，高 20 厘米
丰都汇南墓群出土
重庆中国三峡博物馆藏

整只石虎采用浮雕手法，虎眼微凸，身形矫健，虎尾上翘，右前爪似在扑一猎物。画面充满动感，意趣盎然。

稚童石刻

汉代
长 30 厘米，宽 23 厘米，高 21.2 厘米
丰都汇南墓群出土
重庆中国三峡博物馆藏

　　以浮雕手法刻划一稚童仰面而躺，双目和嘴唇刻纹较深，眼睛圆睁，嘴角有笑意，意在表现稚童天真无邪的形象。

鸟衔鱼石刻

汉代
长 75.7 厘米，宽 20.5 厘米，高 23 厘米
丰都汇南墓群出土
重庆中国三峡博物馆藏

　　浮雕图案上鸟翅大张，脖子伸长，眼睛微凸，似在用力咬住嘴里的鱼头不松口。而画面右侧的鱼双鳍张开，鱼眼瞪圆，似乎充满了恐惧，想奋力挣扎摆脱被捕食的厄运。画面栩栩如生，充满了意趣。

竹卤水管道

汉代
通长 20.8 厘米，高 6.4 厘米，
重 0.55 千克
云阳云安盐场遗址出土
云阳博物馆藏

　　管状，中空，管道内布满盐结晶物，
为古代卤盐遗物。

琉璃串珠

汉代
共652颗，小珠径约0.2厘米，
大珠径约0.5厘米
奉节拖板崖墓群出土
夔州博物馆藏

颜色有白、红、蓝、褐、绿几种。

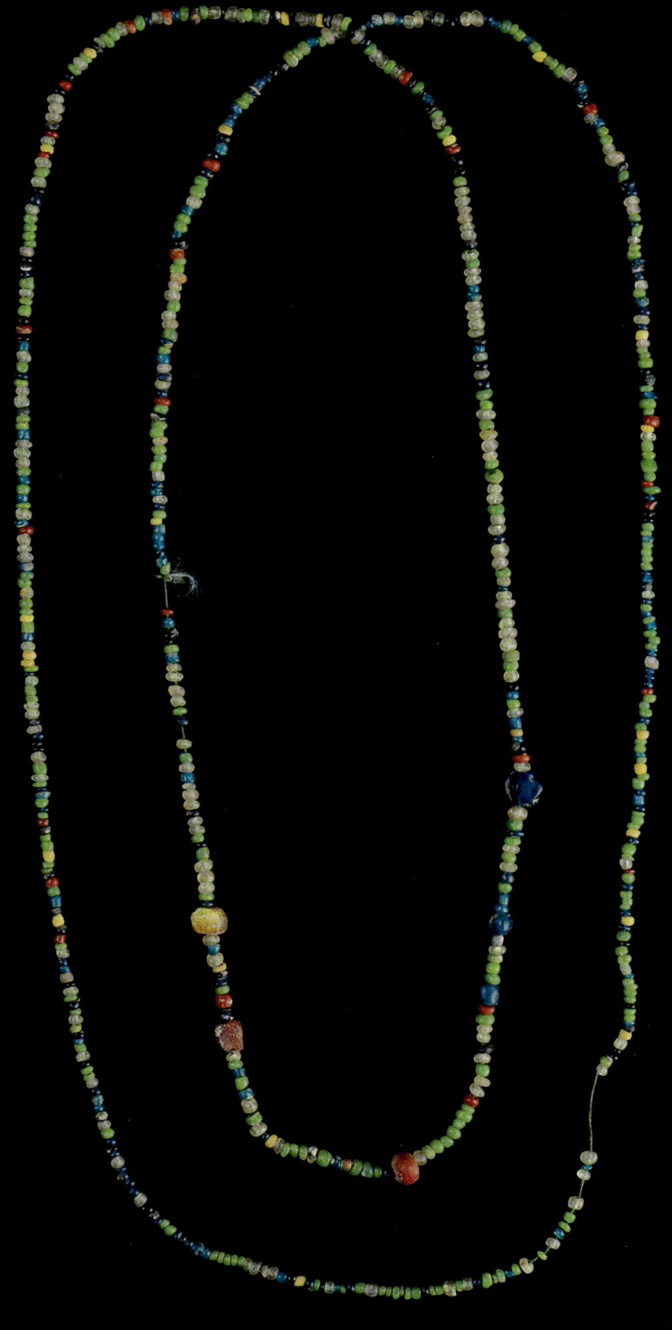

唐 宋 时 期

　　唐宋时期，三峡地区文化呈现出一片全新的面貌，填补了许多空白。山城防御体系是唐宋时期三峡考古的重大发现，据不完全统计，宋末山城防御体系包括城址70余处，其中奉节白帝城处干三峡文物保护工作范围内。其他一般城址考古发现有唐夔州遗址、丰都旧县城遗址、开县故城遗址、武隆土坎遗址、奉节永安镇遗址、巫山大昌古城遗址等州县治所。开县故城遗址发现"开州守廨题名记"石碑。城址内出土遗物以景德镇窑、湖田窑、龙泉窑、耀州窑、邛窑、合州窑、达州窑、金村窑、西坝窑、涂山窑等各地窑址的精美瓷器最具价值。三峡地区唐代墓葬发现不多，主要集中分布在长江沿线。1978年发掘的初唐刺史冉仁才墓，出土青瓷俑、唾壶、盘、砚、瓶以及铜、玉、金、玻璃等各类器物共计100多件。1997年之后比较重要的考古发现有奉节上关遗址和奉节宝塔坪墓群，发现唐代小型土洞、土坑、砖室墓100余座。唐代墓葬出土遗物简单，多为青瓷盘口壶、执壶、四系罐、唾壶、风字砚、银簪、铜镜、铁剪、开元通宝等。其中也有少数珍贵文物发现，例如湖北库区的唐代纪年墓和长沙窑釉下彩瓷的发现不但增加了唐代纪年墓的资料，而且为长沙窑瓷器的传播提供了新线索。

　　三峡地区宋代墓葬以土坑、砖室和石室为主，随葬品种类以瓷器为主，不见金银器、漆器，也很少出土墓志或地券。随葬瓷器中以青白瓷、青瓷居多，白瓷和黑瓷相对较少。湖北库区首次发现的宋代壁画墓的墓葬形制壁画内容对研究当时的丧葬制度及文化背景都是难得的第一手材料。巴东旧县坪遗址基本完整地揭露了宋代巴东县治，殊为重要。

鎏金铜造像

唐代
丰都玉溪坪遗址出土
重庆中国三峡博物馆藏

铜造像

唐代
残高 6.1 厘米
万州中坝子遗址出土
万州区博物馆藏

　　立像，头戴冠，面目不清，右手下垂，立于梯形方座上。

306

铜造像

唐代
残高71厘米
万州中坝子遗址出土
万州区博物馆藏

　　立像，有火焰状背光，面目不清，左手上扬，右手下垂，立于梯形方座上，方座四面开孔。

三峡文物保护

铜造像

宋代
高 8.2 厘米，宽 2.4 厘米
巴东旧县坪遗址出土

　　四足方座，立佛，施无畏印，椭圆
形尖顶背光。通体鎏金。

铜镜

唐代
直径 12 厘米
忠县佑溪杠墓群出土
忠州博物馆藏

圆钮，三重花纹，题材为葡萄、飞鸟、瑞兽。

铜镜 唐代
边长 15.65 厘米，厚 0.55 厘米
秭归望江墓地出土

　　四方圆角形，小圆钮，钮外环方形
圈，圈由八卦图组成，外区四边各铭四字，
四边呈凸缘。铭文："形神日照，保护长
生，水银阴精，辟邪卫囗。"

金耳环 | 唐代
忠县佑溪村墓群出土
忠州博物馆藏

一对。作球首垂钩状。

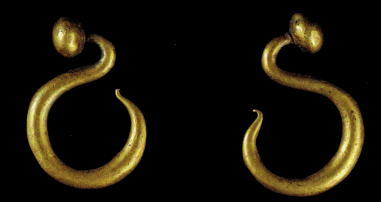

金钗 | 唐代
长约 14 厘米
忠县佑溪村墓群出土
忠州博物馆藏

双笄

银腰带

唐代
带銙长 2.2-3 厘米，宽 2.7-3 厘米，
厚 0.5 厘米；
带尾长 6.2 厘米，宽 4 厘米，
厚 0.3 厘米；
带环长 3.9 厘米，宽 3.2 厘米，
厚 0.8 厘米
巫山玉皇阁墓地出土
巫山博物馆藏

　　此带由一扣、三环、四銙、一铊尾
组成。浇铸成形。

金狮链

宋代
通长 18 厘米，链长 16 厘米
巫山县医院住院部工地
（旧县城万元沟）出土
巫山博物馆藏

不规则穿顶金片，居中为狮头形，
额上錾刻"王"字，边缘镂空，以金环
和金链相连接，链尾另接两环。

三峡文物保护

瓷俑 唐代
高 47.5 厘米
万州冉仁才墓出土
四川博物院藏

　　青瓷。镇墓俑。大头，面目狰狞，头系盔胄，身穿铠甲，左手扶盾，右手空握，原当持有兵器。

瓷俑

唐代
高 25 厘米
万州冉□才墓出土
万州区博物馆藏

青瓷。侍从俑。头戴风帽，脚着尖头靴，身穿翻领窄袖胡服，右手空握，原当持有物品。

三
峡
文
物
保
护

瓷俑 〉 唐代
高 25.7 厘米
万州冉仁才墓出土
万州区博物馆藏

　　青瓷。文吏俑。系冠，着宽袖长袍，
交手伫立。

瓷俑 唐代
高 27.2 厘米
万州冉仁才墓出土
四川博物院藏

　　青瓷。武吏俑。系冠，蓄连鬓长须，
着宽袖长袍，双手扶持带鞘环首长刀。

瓷俑

唐代
高 27.2 厘米
万州冉仁才墓出土
万州区博物馆藏

　　青瓷。武吏俑。系冠，着宽袖长袍，双手扶持带鞘环首长刀。

瓷俑

唐代
高 23.5 厘米
万州冉仁才墓出土
万州区博物馆藏

　　青瓷。牵驼俑。头戴璞头，身穿圆领袖袍，脚着高靴，面作胡人形象。

三峡文物保护

瓷俑 | 唐代
高 8 厘米
万州冉仁才墓出土
四川博物院藏

青瓷 人首鸟身俑 首作系申人面，
身为展翅翘尾之飞鸟形象

瓷骆驼

唐代
高 23 厘米
万州甸 才墓出土
四川博物院藏

青瓷 转首，垂尾，双峰回状装袋

三峡文物保护

瓷围棋盘

唐代
高 3.2 厘米，边长 11 厘米
万州冉仁才墓出土
四川博物院藏

　　青瓷。正方形，盘面阴刻经纬线，横竖均 19 格，四角及中心还刻有星点，盘座镂刻有条孔。

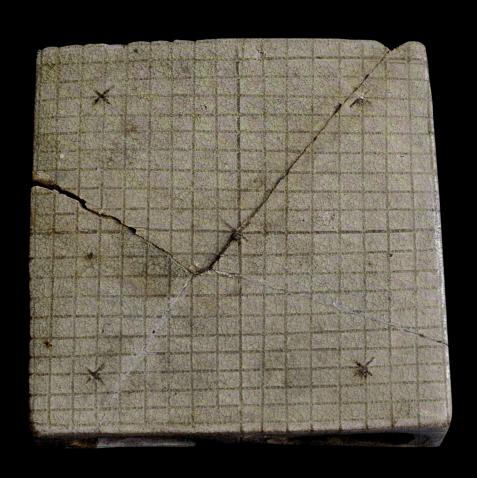

瓷盘口壶

唐代
口径 22.3 厘米，底径 17.6 厘米，
高 39 厘米
秭归庙坪遗址出土

方圆唇，折盘直口，束长颈，肩附
四个对称横穿耳，弧肩，鼓腹，圆饼式
平底。青瓷，灰胎。青釉发灰，底露胎，
肩部有窑釉斑一圈。

三
峡
文
物
保
护

瓷
壶

唐代
口径 9 厘米，腹径 16.5 厘米，底径 11 厘米，
流长 19 厘米，高 22.5 厘米
巫山南陵 老官庙出土
巫山博物馆藏

喇叭形口，短束颈、深鼓腹，颈腹
间置三棱拱形柄、六棱短流，对称三棱
桥形耳，腹部饰四条竖向凹棱。此壶底
以上部分施枣黄满釉，釉下有小开裂纹，
腹中部正、背两面用单一的褐彩绘画。

唐代
高 32 厘米，腹径 21 厘米

　　白釉，胎质细腻，轮廓圆滑丰满，
颜色白润剔透，形制美观大方，盖钮如
宝珠，器身无破损。

三
峡
文
物
保
护

瓷壶

唐代
口径 7.6 厘米，腹径 15.6 厘米，
底径 8.4 厘米，高 24.6 厘米
巴东旧县坪遗址出土

　　碟形口，圆唇，束颈细高，圆鼓腹，
底残。上腹有半周叠烧痕迹。褐胎，内
颈部及外颈、上腹施褐釉。

瓷壶

唐代
口径 8.3 厘米，腹径 12.7 厘米，
高 15 厘米
秭归老屋 原祠大慈寺出土

敞口、微卷、尖唇、弧折颈略呈喇叭状。
白胎无釉。

三峡文物保护

瓷炉 宋代

口径12.3厘米，高13厘米

巫山土城坡墓地出土

巫山博物馆藏

圆口，平沿微外卷，短颈，扁圆腹，乳形三足。腹与足背饰三角形凸脊，肩部饰弦纹一圈。釉色青绿色，足底无釉，呈土黄色，开冰裂纹。内底足部相应处内凹。

瓷玉壶春瓶

宋代
口径 6.2 厘米，腹径 12 厘米，
底径 8 厘米，高 10.8 厘米
巫山土城坡墓地出土
巫山博物馆藏

撇口、细颈、圆腹、圈足，通体施白釉，
胎色洁白，釉色温润如玉，内有细小开
裂纹

瓷匜 南宋
长 18.8 厘米，高 6.3 厘米，
口径 15.7 厘米
忠县中坝窖藏出土
重庆中国三峡博物馆藏

　　龙泉窑。青釉。卷沿，斜弧腹，平底，
一侧置方口流。内外壁可见拉坯形成的
弦纹。

瓷盘

南宋
高 4.8 厘米，口径 26 厘米
忠县中坝窖藏出土
重庆中国三峡博物馆藏

　　龙泉窑。青釉。方唇、葵口、平折沿、斜弧腹，腹部呈菊瓣状，内心印折枝花纹，圈足满釉，外底抹釉一圈便于支烧，抹釉处呈火石红。

三峡文物保护

瓷玉壶春瓶

南宋
高26.5厘米，口径6.2厘米，
底径7.7厘米
忠县中坝遗址出土
重庆中国三峡博物馆藏

龙泉窑，粉青釉，圆唇，口沿外翻，
细长颈，垂腹，圈足，外底满釉，圈足
无釉

三峡文物保护

瓷碟 宋代
口径10.6厘米
奉节宝塔坪墓群出土
夔州博物馆藏

　　耀州窑。影青釉。浅盘、六曲花口，
圈足。印牡丹花纹。

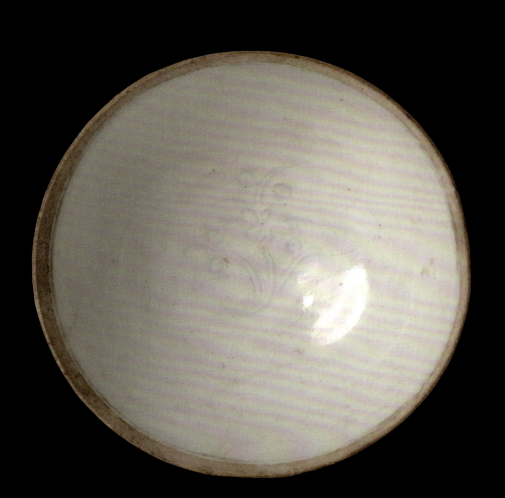

瓷碗

宋代

口径 11.1 厘米，底径 4.1 厘米，

高 5 厘米

巫山出土

巫山博物馆藏

　　芒口（芒口上的金银脱落），鼓腹
下收，矮圈足，内底釉下刻莲花。薄胎，
通体施满釉，釉色清淡优雅，光照见影。
器物采用覆烧。

三峡文物保护

瓷杯〉宋代
口径 6.7 厘米，圈足径 4 厘米，
足高 2.4 厘米，通高 7.5 厘米
宜昌中堡岛遗址出土

侈口，圆唇、直腹、喇叭形高圈足，
腹饰宽仰莲花瓣纹。青釉。

瓷杯〉宋代
口径 7.6 厘米，圈足径 5.2 厘米，
高 7.8 厘米
宜昌中堡岛遗址出土

宽平沿，高圈足饰三层覆莲花瓣纹。
青釉。

瓷壶 宋代
口径 6.4 厘米，底径 6.8 厘米，
流长 5.5 厘米，高 17.2 厘米
巴东义和地墓地出土

敞口，高领，鼓腹，平底，肩部一
侧有流，一侧有鋬。器腹压成六瓣瓜棱纹。
灰白胎，淡青釉。

三峡文物保护

瓷瓶

宋代
口径 7.8 厘米，底径 7.2 厘米，
高 18.8 厘米
宜昌中堡岛遗址出土

　　六瓣葵口、长颈，瓜棱形腹，瓦棱
纹圈足。青釉。

瓷壶

宋代
高 17 厘米
重庆涂山窑出土
重庆中国三峡博物馆藏

黑釉。小口，球腹，饼状圈足，翘流，
半环形执手。

三
峡
文
物
保
护

瓷罐

宋代
口径 9 厘米，腹径 14.5 厘米，
底径 8 厘米，高 19.5 厘米
巫山土城坡墓地出土
巫山博物馆藏

　　直口，唇沿外撇，瓜棱鼓腹，平底，
饼足。肩部饰对称双耳。器物外壁施黑
釉至下腹部，未及足，釉色晶莹发亮。
器物胎质细腻，胎体较薄。

瓷盏

宋代
口径1 厘米，高5.3厘米，
底径3.7厘米
巫山土城坡墓地出土
巫山博物馆藏

　　敞口，斜腹，矮圈足。通体施黑釉，
未及底足。在黑色釉中透露出均匀细密
的筋脉　形状犹如兔子身上的毫毛。

三峡文物保护

瓷盏

宋代
口径 11.6 厘米，高 4.5 厘米
巫山粮食局遗址出土
巫山博物馆藏

敞口，斜腹，矮圈足。通体施黑釉，未及圈足。釉面斑点状花纹，类似水面上漂浮的油珠。

宋代

口径 4.2 厘米，底径 4.9 厘米，

腹径 6 厘米，高 8 厘米

奉节宝塔坪墓群出土

夔州博物馆藏

　　白胎薄壁，影青釉。芒口，方唇，口下有刻画弦纹一周，腹呈七瓣瓜棱形，圈足，足内底施釉，有支钉痕，肩上有四个横穿小管状耳。

三峡文物保护

瓷盏

宋代
口径 12.8 厘米，足径 3.6 厘米，
足高 0.9 厘米，通高 3.7 厘米
奉节永安镇遗址出土
重庆市文化遗产研究院藏

　　器形规整，胎体轻薄。敞口，圆唇，斜直腹，圈足，足墙直立。白胎，质细致密。酱紫色釉，均匀亮丽，釉色润泽，口缘处釉色呈浅黄色，内外满釉，仅足墙内外无釉。

三彩陶罐

唐代
口径 9.5 厘米，腹径 14.7 厘米，
底径 9.5 厘米，高 23.9 厘米
巫山出土
巫山博物馆藏

　　泥贡红陶胎。盖身扣合。圆形盖顶
饰三重檐塔形钮，子母口。罐身敛口，
圆唇，深弧腹，平底，在腹部三分之一
处堆塑荷叶边一周，腹部饰凹弦纹五周，
间以水波纹五周。腹底以上通体施绿釉，
局部剥离。

三峡文物保护

三彩陶俑

宋代
长 12.5 厘米，宽 10.1 厘米，
通高 31.6 厘米
奉节李家坝遗址出土
夔州博物馆藏

武士俑。头束发髻，二目圆睁，双眉凝重，大鼻头，面相异常凶猛，身穿甲，腰束绳形粗带，双手握举兵器，右手及肩附一青龙，足蹬高靴，立于座上。俑身及座施黄、绿、白三色釉。

三彩陶俑

宋代
长 10.2 厘米，宽 12 厘米，
通高 28.9 厘米
奉节李家坝遗址出土
夔州博物馆藏

　　武士俑。长发垂落于脚跟，蹙眉怒目，气势逼人，身穿甲，双手置于腰际似挂一兵器，赤足，脚踏玄武。俑身及玄武施黄、绿、白三色釉。

三彩陶俑

宋代
长 12 厘米，宽 9.5 厘米，通高 30 厘米
奉节李家坝遗址出土
夔州博物馆所藏

　　武士俑。头束发髻，怒目圆睁，大鼻头，面相狰狞，身穿甲，双手交叉扶于腰际，足蹬尖头靴，立于镂孔座上。俑身及座施黄、绿、白三色釉。

三彩 { 宋代
陶 奉节李家坝遗址出土
俑 重庆中国三峡博物馆藏

唐宋时期

351

三峡文物保护

三彩瓷枕

宋代
长 16.3 厘米，宽 9.4 厘米
巫山培石遗址出土
巫山博物馆藏

　　枕面呈一长方形，中间稍凹，两边微翘，面上刻划对称菱形图案，菱形图内刻牡丹花朵，外刻枝叶纹。瓷枕施以黄、绿釉色。

陶三足温器

宋代
口径 19.4 厘米，高 16.6 厘米，
柄长 14 厘米
万州下中杆遗址出土
万州区博物馆藏

　　夹砂红陶。圆唇，口微侈，一侧带流，
三足，长柄与一足相连。

陶瓦当

唐代
瓦长 29.5 厘米，当面直径 12.6 厘米
巴东旧县坪遗址出土

瓦身呈半圆形，长瓦舌，瓦身正面
素面。当面圆形，饰半浮雕覆瓣宝相莲
花纹。

陶滴水

宋代
当面长 14 厘米，宽 8.4 厘米
巴东旧县坪遗址出土

泥质灰陶。当面较窄，半月形，上
部圆弧，下部为花边。纹饰中心为浮雕
花卉，两侧为枝叶。

陶瓦当

宋代
当面直径 13.2 厘米
巴东旧县坪遗址出土

　　夹钼砂深灰陶。当面圆形，满饰半浮雕兽面纹。兽面犄角弯曲向下，额上留卷发。两眉高突呈倒"八"字，椭圆形眼，蒜头鼻较大，嘴角饰两颗獠牙，吻部为半月形，单排齿。鬃鬣须明显，较卷曲。

陶瓦当

宋代
当面直径 11 厘米
巴东旧县坪遗址出土

　　夹砂灰陶。瓦身和当面为先分制后拼接。瓦身正面素光，背面有麻布纹。当面呈圆形，饰兽面纹。兽面额际饰三角形鬃毛，锯齿状眉毛，双目圆睁，三角形长条鼻，吻部为长方形。鬃鬣须明显，吻上部的须较卷曲，下部的垂直向下。

**陶
砚**　　宋代

通长 18.5 厘米，高 7.5 厘米

秭归县屈原纪念馆藏

　　龟形砚，红褐色似紫砂陶。龟首向
左倾顾，两目圆睁，口微露齿，四足前
伸作爬行状。砚池呈椭圆形，前深后浅。

石刻佛像

唐代
高 58 厘米，宽 45 厘米，厚 13 厘米
云阳明月坝遗址出土
重庆中国三峡博物馆藏

　　中间主尊高肉髻，端坐莲花台座上，
神情庄重安详，左右为菩萨像，着通肩
袈裟，璎珞繁复精美，身后有火焰纹头光。
面相饱满，体态丰腴。

石砚

宋代
长 13.8 厘米，宽 5-9.7 厘米，
高 3.6 厘米
巫山出土
巫山博物馆藏

　　石质紧密。首、尾端略弧，砚背首端加厚成弧形足，尾端两隅各有一长方形足。

石刻经幢

宋代

通高 121.3 厘米，底座宽 23 厘米

奉节李家坝遗址出土

重庆中国三峡博物馆藏

　　经幢由方形束腰仰莲底座和幢身构成。幢身底部由几名力士托举，中部每一个面均刻有佛经，上层莲座里龛有坐佛像。造型精美，雕刻形象，具有非常高的历史文化价值。

三峡文物保护

石串珠

宋代
珠直径 0.8 厘米，长 2 厘米，
串饰宽 1.3 厘米，厚 0.4 厘米
巫山古城遗址出土
巫山博物馆藏

　　质地为煤精石，珠呈圆形小平面，共 97 颗组成。在串珠之中，还有 8 件为菱形、梯形、长方形的配饰相串其中。另外，配饰中的一件字牌更为精致，正面书：生日本命真□，背面书：南无东大洋海西海弥陀落伽山□独州苑紫竹 檀林大慈大悲□大救苦一十二面白衣满相观世音菩萨□□□。

水晶珠

宋代
直径 2.2 厘米
巫山言城遗址出土
巫山博物馆藏

瓜形，中间穿孔，通体透亮。

卜
甲

唐代
高 16.5 厘米
云阳明月坝遗址出土
云阳博物馆藏

　　残缺。在龟的腹甲背钻出多处圆孔，并经灼烧。

元 明 清 时 期

　　三峡地区元代墓葬较为少见，目前仅发现巫山庙宇元代壁画墓，采用三合土夯筑墓室，壁画内容丰富，主要有供养人图、观瀑听琴图、对坐图、赏画图、授业图、喜鹊登枝图、牡丹图、骏马图等。明清墓葬多为石室墓，埋藏不深甚至曝露于地表上，较之早期墓葬更易发现，也更容易遭到破坏。

　　三峡库区的明代墓葬多为石室墓，从明代早期的双室并穴演变到明代中、晚期的多室合葬墓（多的达十多室），体现出宋明理学在逐渐深入民间社会后，大家族制度的日益盛行。墓葬体量一般不大，以平顶、藻井为主，墓内盛行雕刻，分布在后龛和左右壁龛，雕刻内容以人物、花卉、神兽为主要题材。丰都、忠县、石柱等地出土的明代冶锌遗址和遗物，为我们研究中国古代金属冶炼技术提供了丰富的材料。

　　随着移民的大规模到来，清代墓葬形制出现重要变化，墓葬雕刻风格大变。雕刻由以前的墓内移至墓外，内容也更加庞杂，题材更加生活化，以戏剧人物、神话传说、吉祥祈福、吉语对联等为主，雕刻艺术高超、技法多样、层次丰富、精美生动。地表建筑盛行，规格高的墓葬往往单立墓碑，有牌楼、牌坊、护墙、拜台、望柱、香炉等，规模宏大。

三峡文物保护

金钗

明代
长约 16 厘米
重庆江北出土
重庆中国三峡博物馆藏

　　双笄。云头上铸有楼阁、宫阙、拱桥和骑马及倚立等形象的人物。

金饰

明代
直径 2.5 厘米
奉节揺鼓台遗址出土
夔州博物馆藏

　　圆形，外接一周花边，花边上卷。内区刻压钱纹，外区以刻压的放射线分为四格，格内刻字：上格"金"，下格"木"，右格"水"，左格"土"，中心有一穿孔。

金饰

明代
直径 4.2 厘米，厚 0.1 厘米
巫山古坟包墓地出土
巫山博物馆藏

　　薄金片锤打而成圆形方孔薄片。内用焊缀的细小金珠组成内圈，方孔外饰四道短线金珠纹，内刻"百子"、"千孙"、"万代"、"富贵"；外缘饰两圈细小金珠纹。

**银
香
炉**

明代

高 9.9 厘米，口径 7.8 厘米

长寿城关明墓出土

重庆中国三峡博物馆藏

　　侈口，球腹，三柱状高足。饰云鹤
图案。

银双耳杯

明代
口径 5.75 厘米
长寿城关玥墓出土
重庆中国三峡博物馆藏

　　侈口．曲腹，圈足，耳作灵芝状。

银盏

明代
长 9 厘米
长寿城关玥墓出土
重庆中国三峡博物馆藏

　　桃形口，器壁上饰树叶纹，执手也
做成枝叶状。

银碗

明代
口径 7.3 厘米
长寿城关明墓出土
重庆中国三峡博物馆藏

　　器壁较厚。侈口，球腹，矮圈足。外壁饰腾龙、异树和八骏图。

银盘

明代
长 12.5 厘米
长寿城关明墓出土
重庆中国三峡博物馆藏

　　银质错金。整体呈桃形。细刻莲花图案。

银盘

明代
边长 12.2 厘米
长寿城关明墓出土
重庆中国三峡博物馆藏

　　银质鎏金。曲角方形。浅盘，正中
有篆体"寿"字，周环以云鹤。

三
峡
文
物
保
护

银簪 〉 明代
长 8.5 厘米，宽 0.7 厘米
巫山出土
巫山博物馆藏

　　整体呈长条形，两头尖状，束腰，
正面中脊起棱，截面为等腰三角形，背
面压印"刘长成"阳文款

瓷杯 〉 元代
口径 10.7 厘米，高 10.8 厘米
秭归县屈原纪念馆藏

　　敛口，筒形直腹，下腹折收，矮圈足，
通体施青白釉，有较裂纹

瓷
碗

元代

口径 20.3 厘米，高 10.6 厘米

秭归何家坪遗址出土

　　口微敞，厚圆唇，深腹斜弧，厚圈足。
淡红色胎，深灰釉。

三峡文物保护

瓷壶

明代
口径 9.7 厘米，腹径 15.3 厘米，
高 22.6 厘米
秭归卜庄河墓群出土

敞口，尖唇外侈，高弧领，长鼓腹
下垂，实饼足，平底。颈下锥柱状短流
上昂，长耳形执手。施黄青釉不及内外底，
腹两侧各有绿色彩绘。

瓷魂坛

明代
围栏径 18.5 厘米，圈足径 13.7 厘米，通高 31 直米
巴东王家湾遗址出土

由坛盖、坛身、坛座三部分组成，通体施有酱色釉。器盖呈斗笠状，盖顶饰怒天吼（神兽）。坛体呈多级状，多级鼓腹，厚矮圈足露胎，坛腹部堆塑巨龙一条，在龙头附近饰有宝珠一颗，另饰有六个堆塑爪状纹，与巨龙形成对称三角形。坛座上部呈圆形围栏，高圈足。

三峡文物保护

瓷碗

明代
口径 15 厘米，圈足径 5.4 厘米，
高 6 厘米
巴东王家湾遗址出土

　　敞口，尖唇，斜腹，圈足。通体饰青花，
外六棱形锦纹，内饰缠枝纹。器身通体
施青白釉，釉下布满细冰裂纹。

瓷碟

明代
口径 12.4 厘米，底径 4.1 厘米，高 3.2 厘米
秭归庙坪遗址出土

圆唇，敞口，弧壁，卧足。口部内侧及内底饰蓝色带纹，内底心塑金色鱼，周边饰花草纹。青花釉色，白胎。青釉泛黄，底露胎。

三峡文物保护

瓷盘

明代
口径.16.4 厘米，底径 10.2 厘米，
高 2.2 厘米
奉节永安镇遗址出土
重庆市文化遗产研究院藏

　　侈口、宽折沿，浅圆弧腹，圈足内收，足端尖。内底饰模印阳文月影梅花纹。胎色白，胎质极细腻致密，釉色白，釉较乳浊、釉面光泽度高，施满釉，足端外侧斜削刮釉。

瓷罐

明代
口径 7.8 厘米，腹径 13.5 厘米，底径 7.3
厘米，通高 14.1 厘米
巫山出土
巫山博物馆藏

　　盖身扣合。球面形盖顶柱状钮，器
身敛口，方唇，短颈，溜肩，鼓腹，矮
圈足。器物外壁施黑釉，未及圈足，釉
色晶莹发亮，器身内壁施栗褐色釉。器
物胎质细腻，胎体较薄。

瓷灯

清代
口径 7.2 厘米，盘径 14.4 厘米，
底径 11.8 厘米，通高 19.8 厘米
秭归东门头遗址出土

　　分碗、柄和托盘三部分。碗敞口，
平唇，三唇丁。长柄中空饰暗弦纹。托
盘敞口，圆唇，斜壁，平底，三条状足。
碗、柄、盘施绿釉，足露黄白胎。

瓷碗

清代

口径 20.2 厘米，圈足径 7.7 厘米，
高 6.8 厘米

秭归东门头遗址出土

　　敞口，圆唇，大圜底，矮圈足。施
青花条带纹和双钩连纹，足内底施青花
弦纹和单框"大清嘉庆年制"六字篆书款。
削足无釉，白胎。

三峡文物保护

瓷像

清代
宽 4 厘米，厚 3.5 厘米，高 8.5 厘米
巫山大昌古城遗址出土
巫山博物馆藏

　　人物光头，赤足，身着长袍端坐在石凳上，双手拄拐抱于胸前，头微向左上方仰，面目清晰，浓眉大眼，面部表情微妙，似休憩状。外施白釉泛青色。

陶楼

明代
面阔 21.6 厘米，进深 16.8 厘米，
通高 39 厘米
秭归县屈原纪念馆藏

　　泥质深灰陶。两进院天井屋，面阔
进深各三间，硬山顶，前后屋脊的两端
各有鸥鸟，后屋顶有小望楼，厢房为单
面水，均饰筒瓦、瓦当和滴水。面门左
右各立两柱，楼上有桃形和几何形望窗，
大门左边堆塑一只鸡，右边为一条狗，
看门把户。

陶屋 }　明代
高 21 厘米，宽 16 厘米，厚 9 厘米
兴山邹家岭墓群出土

　　泥质灰陶。重檐，两面坡悬山式屋顶，顶两端各饰一鸱吻，刻有小青瓦屋面，屋身为干栏式，仿木结构，面阔五间，进深四间。

陶仓

明代
高 29 厘米，檐宽 14 厘米，
外径 8.7 厘米
兴山邹家岭墓群出土

　　夹细砂灰陶。三重檐四翼角攒尖式。
圆盖钮下饰四翼角瓦屋檐，下连圆悬盖，
子母口。器身敛口，圆唇，肩饰四翼角
瓦屋面两重檐，翼角上翘，腹微鼓微折，
下腹斜收，平底内凹。

三峡文物保护

陶墓窗

明代
长 32.8 厘米，宽 21.2 厘米，
厚 2.7 厘米
巴东旧县坪遗址出土

　　泥质灰陶。平面呈长方形，窗花边
框内为透雕麒麟与卷云纹。

陶冶锌罐

明代
口径 10.2 厘米，底径 9 厘米，
高 29.2 厘米
忠县洋渡临江二队出土
重庆市文化遗产研究院藏

　　该冶锌罐由反应室和冷凝区两部分组成。反应室为一种灰色夹粗砂硬陶的深腹罐，冷凝区即在反应室罐口内放置用耐火黄沙泥捏制而成的冷凝窝，并在罐体肩部用黏土（耐火泥）上接一节口径约 9.5、高约 5.5 厘米的筒形物，上置盖板而形成，盖板已佚失。罐外表被冶炼炉渣包裹。

陶地契砖

三峡文物保护

明代
正面边长 36 厘米，背面边长 34 厘米，
厚 6 厘米
秭归卜庄河墓群出土

　　泥质青灰陶。呈正方形。周边阴刻
双线边框，边框之间阴刻波浪纹，中间
阴刻地契文字，文字及边框和花纹上涂
抹朱红颜料。

陶八卦砖

明代

正面边长 35 厘米，背面边长 33 厘米，
厚 5.5 厘米

秭归卜庄河墓群出土

　　细泥灰黑陶。平面呈正方形。正面
周边阴刻方形边框，其间阴刻波浪纹，
中间阴刻圆圈纹。其内阴刻"永镇山岗"
四字，"永镇山岗"外围刻八个圆圈，
圆圈内分别刻上八卦符号。纹饰、八卦
符号和圆圈纹均涂抹朱红色颜料。

三峡

地 面 文 物 保 护

三 峡 地 面 文 物 保 护

—— 郝国胜 ——

雄伟壮丽的三峡蕴含丰富的历史文化信息,经过数千年的传承,留下了包括政治、经济、军事、文化、宗教的人类文化遗迹,构成了具有三峡地域特点的人文景观,使三峡风光更具人文魅力。

因兴建三峡水利枢纽工程,保存在三峡水库淹没区的地面文物需要在各蓄水阶段前进行保护。为此,国家文物局成立三峡工程库区文物保护规划组,专门负责制定包括地面文物在内的所有文物保护规划。在1992—1996年的文物调查中,淹没区的地面文物共发现有453处,经进一步审核论证,364处地面文物最终被列入三峡文物保护规划,其中,湖北库区118处,重庆库区246处。

为使受淹文物得到更好的保护,根据三峡地面文物特点,规划组制定了三种不同的保护方式,即原地保护、搬迁保护、留取资料保护。

原地保护:在规划的364处地面文物中,有60处被列为原地保护类的文物(在实施中调整为62处),它们是影响较大,但又属于不可移动或不宜搬迁的文物,如古建筑、石刻题记、古栈道、古纤道等。在实施保护中,除采取原地加固的措施外,还进行了测绘、文字记录、照相、录像或拓片等资料的收集和建档。对有些重要的文物还采取了特殊的方式,如对白鹤梁水文题刻实施了兴建水下博物馆、对石宝寨采取了仰坡护墙和危岩治理、对瞿塘峡石刻采取了原位升高复制等的保护方式。

搬迁保护:在三峡地面文物保护规划中,有131处被列为搬迁保护类的文物(在实施中调整为132处),它们保存状况基本完好,文物价值较高,如古建筑、桥梁和独立的石刻文物等。对于这些文物的保护,首先在搬迁前进行测绘、文字记录、照相、录像等。在搬迁过程中,按照不改变文物原状的原则,将文物的每一构件编号排序,按序号复原。在复建中,尽量采用原来的构件,损坏的进行适当修补,以保持文物原状。对规模比较大的文物,尽量选择与原环貌相似的搬迁地址。为得到充分利用,以区县为单位,将搬迁的文物集中,建成文物复建区。

留取资料保护:在三峡库区的地面文物中,有部分仅保存遗址,或保存状况较差,或后期改动较大的,总计169处,占库区地面文物总量的46.4%。对于这些文物的保护,采取留取资料的方式进行,包括文字记录、测绘、拍照、录像或拓片等,并进行资料存档,供今后研究参考。

根据规划组的调查分类,三峡地面文物(含水下)归纳为汉代石阙、宗教建筑、民居建筑、石质文物、水文石刻、古代桥梁、古代航运交通遗迹七大类，它们基本囊括了三峡地面的所有文物。

一、汉代石阙

在淹没区地面存有两处汉代石阙，即丁房阙和无铭阙（忠县乌杨镇发掘的乌杨阙属地下出土文物），两处汉阙均在重庆市忠县。

丁房阙位于忠县忠州镇东门外人民路北侧的水库淹没区，系东西并列的双阙，东阙为子母阙，西阙为单体阙。两阙相距2.46米，东阙母阙高6.26米，子阙高2.16米，西阙高5.5米，均为仿木重檐庑殿式结构，分别由阙基、阙身、阙顶等部分组成。据考证，丁房阙始建东汉，明代曾进行修葺和补刻。1953年，忠县人民政府出资修建单檐砖木结构的建筑物将其遮盖保护。1956年，被四川省人民政府公布为省级文物保护单位。2006年，经国务院批准为全国重点文物保护单位。

无铭阙位于忠县忠州镇东北8千米处的普井乡佑溪村，系单体阙，阙高5.85米，为仿木重檐庑殿式结构，分阙基、阙身、腰檐、阙楼、阙顶五个部分，由九块石料叠砌而成。据考证，此阙当属墓阙，始建于东汉，原本两阙，但左阙无存，仅留右阙。2006年，经国务院批准为全国重点文物保护单位。

2003年2月，丁房阙和无铭阙均被搬迁至忠县白公祠展示。

二、宗教建筑

三峡库区共有数十处宗教和祠庙建筑，其中有佛教寺庙、道家寺观、民间神祇庙堂、宗祠，以及近代的天主教堂、伊斯兰清真寺等。这些寺庙建筑在构筑技术、工艺及装饰艺术上具有较高水平，是地方古代建筑的代表作。

宗教对三峡地区的影响非常深入，各乡村基本都留有反映宗教文化的地面建筑，其中佛教和道教建筑居多，这些建筑既有宗教本身的建筑风格，又有三峡地域的民俗特色。依山就势的自然组合、民居形式的天井式四合院成为三峡地区宗教建筑的主体形式。

石宝寨始建于明万历年间，它面阔长江，倚玉印山而建，由寨门、寨身、阁楼组成，共12层，高56米，系木质穿斗结构。山顶有"绀宇宫"、"天子殿"等宗教建筑。对石宝寨的保护采取了"仰墙护坡"的原址保护方式。

三峡地区名人荟萃，三国故事更是妇孺皆知，与三国历史事件和人物有关联的建筑非常多，如云阳张桓侯庙、张王庙、长寿桓侯宫、奉节白帝城和永安宫故址等。

为纪念屈原而建的秭归屈原祠、屈原庙、屈原故里等建筑，已成为纪念屈原的标志性建筑。

忠县忠州镇巴王庙是当地居民为纪念战国时期忠义将军巴蔓子而建的祠堂，肖公庙则是供奉巴蔓子夫人肖娘娘的庙堂。忠州镇太保祠是纪念明代巾帼英雄秦良玉的祠堂。这些建筑虽在体量和规模上不算宏大，但却在百姓心目中有着特殊的地位。

三峡地区祭祀水神的庙宇也非常多，如江渎庙、水府庙等，而王爷庙则是更民俗化且数量多的与水有关的庙宇，如长寿扇沱场王爷庙、忠县洋渡王爷庙、忠县永兴王爷庙、巴东楠木园王爷庙、秭归小新滩向家嘴王爷庙等，它们各据地势，建筑风格更接近民居。

自古以来，凡出巫峡进入巴东江域的船只，最惧怕的是险水恶滩，经常翻船死人。为求平安，每次出船，船老板都要先到楠木园王爷庙求福签，乞望龙王爷保佑航行平安。如果没有事故，返航时一定要到官渡口龙王庙里进香叩拜，以表谢意。如果翻了船，死尸便在绿竹筏地藏殿前的江面回旋（此处江面有一个大回流），人们便将尸体捞起埋在殿旁白骨塔或万人坑中，以求地藏菩萨的超度。这类神祇庙堂、佛殿，是千百年来峡江地域的人民与险水恶滩作斗争的精神寄托，已成为世代因袭的民俗和民情，它们的价值已超越了文物建筑本身，是长江航运史上不可或缺的组成部分。

对于这些宗教建筑，多以搬迁保护为主。

三、民居建筑

中国传统民居建筑千姿百态，被称为"没有建筑师的建筑"，凝聚了多方面的历史信息。

三峡库区千余平方千米的区域内，涉及民居建筑百余处，占地面文物总数的三分之一，这其中不仅仅是单体建筑，还包括街区、古镇、老屋群等。

沿江两岸的城镇建设规模优于支流及腹地的城镇，甚至沿江两岸的场镇也较腹地城镇繁华。湖北省宜昌市夷陵区太平溪镇，秭归县新滩镇，巴东县官渡口镇；重庆市巫山县大昌镇、培石乡，奉节县永安镇，石柱县西沱镇、沿溪镇，忠县石宝镇、洋渡镇等保留的街区、民居，都反映了当年的繁华景象。

巫山县大昌镇位于长江支流的大宁河小平原，有着1300多年的县治历史。古城街道呈丁字形，有东、西、南三条街道和三座城门。沿街建筑多为合院式，临街部分多为两层，下作铺面，后带天井，整个街道基本保持了清代风貌。

秭归县新滩镇位于长江北岸，距今已有1600余年的历史。巷道纵横形成网状，聚居区的中心为祭祀江神的"江渎庙"，纵横的街巷间还布置有5—6处古桥，一处古井，分布周围的古民居多为当年官绅富户修建，规模大，质量好，整个新滩镇构成了三峡地区极具特色的聚落景观。

山地穿斗式民居是三峡地区最常见的建筑形式。独立的山地穿斗民居多建在依山修坎而成的平台地，建筑平面基本为长方形，并由长方形组合成曲尺形、凹形，建筑前有平坝，平坝是主要的户外活动空间。建筑多带二层阁楼，有的呈吊脚楼形式。这种形式的建筑以巴东县民居最为典型，如楠木园村的万明兴老屋、李光明老屋等。

丰都县卢聚和大院布局较为疏朗，此建筑为清代官吏的住宅，中院大门上有"大夫第"字样。整个建筑群呈井字布局，表现了浓厚的宗法礼制色彩。

对于以上保存较好的民居建筑多以搬迁保护为主。

四、石质文物

受淹的地面石质文物有阙、塔、牌坊、桥梁等古建筑，也有近现代纪念建筑物和摩崖造像、石刻等。

三峡库区的石刻类石质文物上迄汉晋，终至民国，长达1700多年。因此，从历史年代上讲，三峡库区石刻文物具有起源早和延续年代长的特点。现存汉、晋、唐、五代、宋、元、明、清时期石刻100余处，已有民国及近代石刻数处。它们从不同侧面以不同方式反映了各个历史时期的经济、政治及社会生活，蕴含着丰富的历史信息。

三峡库区地面石质文物中，以石刻题记为多。这些题记部分出自历代书法名家手笔，楷、草、隶、篆各体皆备。涪陵白鹤梁就留有165幅石刻，其中黄庭坚的"元符庚辰涪翁来"，是白鹤梁题记的代表作。

瞿塘峡壁留有自宋以来的多幅题刻，成为三峡风光的一处靓丽风景。忠县临江岩摩崖造像非常独特，反映了佛教文化与中国传统文化的融合。

自宋理学兴起以来，形成了以儒家思想为核心，与佛道理论相渗透的思想体系。该体系中，凡涉及婚姻问题，都把封建伦理道德提到无以复加的高度，为恪守贞洁的妇女树碑立传的风俗亦蔚然成风。三峡地区现存地面石质文物中，"夏黄氏节孝牌坊"最具特点。

三峡地区自古为兵家必争之地，秦时便有"得蜀则得楚，得楚则天下并矣"之说，汉代亦有"收用巴蜀，还定三秦"之句，因此历代的政治家、军事家都视之为重要的军事要地。其中瞿塘峡夔门更是一夫当关、万夫莫开之地。铁锁关上立铁柱二根，称之为"锁江铁柱"，右铸"守关大将军徐宗武"，对岸亦有石孔相对，在铁柱溪岩壁上，刻有南宋丞相贾似道为铁锁夔门所颂之告示。据《宋史》，此柱为宋景定五年（公元1264年）守关大将军徐宗武所建，并横拦铁链七条（长227丈5尺），北系铁柱，南穿石孔，用以锁断长江，御敌侵入，历史上亦有多次"断江"、"锁江"的记载。

五、水文石刻

唐代是枯水水文石刻较成熟的时期，其标志是在涪陵白鹤梁岩体的斜倾岩石上镌刻了两尾线雕石鱼，当两尾石鱼出现时，就意味着来年不会有大的雨水，农作物也因此会丰收，这是人们多年观察的结果。文人墨客即兴而挥，"水下碑林"由此成名。如此的效应同样出现在重庆灵石、巴县迎春石、丰都龙床石、云阳龙脊石等，众多的枯水碑记和题刻构成了十分丰富的水下石刻宝库，蔚为奇观。除此之外，还有个别枯水碑，如瞿塘峡"水落至此碑"等。为铭记这些题刻，复建了云阳龙脊石，兴建了白鹤梁水下博物馆，这是世界上第一座水下博物馆，其意义重在保护和利用的理念上。

洪水题刻也多有保留，仅在淹没区就有题记90条之多，提供了23个年份的洪水记录，张桓侯庙、石宝寨等就有所留存。

六、古代桥梁

列入三峡文物保护规划的古代桥梁有数十座，均分布在长江支流上。从结构和形式的分类，有拱桥、梁桥和廊桥等。质料基本为石材，时代多为明清，略晚者可至民国初年。

三峡桥梁多为石拱桥，如陆安桥、述先桥、安澜桥、龙门桥等，并渗入了与环境相匹配、与信仰相融合的内涵，体现在凡有桥，多有庙和碑的现象。如龙门桥畔有鲁班堂，安澜桥畔有观音寺等。前者供鲁班以颂扬建桥之人，后者则供奉观音以保桥平安。

桥的装饰也非常考究，如龙门桥不仅桥的体量大，且在桥头、桥尾雕有憨态可掬的狮、象等祥瑞之物，桥身还有宝瓶、人物造型。更有意思的是，在桥身雕有雌雄二龙，龙的头部在圆雕基础上，施精美镂雕，表面还施以浮雕，且有雌雄之分，鬣尾者为雌，鱼尾者为雄，头尾伸出桥栏，给人以龙身藏于桥体的视觉感。二龙的头尾体量非常大，各重达二十吨。龙门桥是三峡地区最精美的桥梁之一，已搬迁复原。

对于桥梁建设者而言，维护桥梁和建设桥梁同等重要。涪陵安澜桥中栏内侧刻有维护桥梁的文字，南侧"近桥两岸熟土各宽留数丈以作桥基，子孙世代昌炽"，北侧"禁止桥上一带石坝不准打粮食，违者罚钱一串绝不奉情"。可见，此桥在当时是座非常重要的公共设施。

七、古代航运交通遗迹

长江自古是我国水上运输的重要航道，但湍急的江水及险滩为古代航运带来了极大的困难和危险，峡江两岸的先民们在长期的实践中，总结出了许多宝贵的经验，并以刻石为鉴的形式，予以告诫。

1. 标定险滩

标定险滩石刻是一种表示险滩位置的石刻。

丰都大佛面石刻造像及题记位于新城乡仁艾村江边，刻浅浮雕佛面一尊，旁有题记曰："西历一千九百一十一年七月十八日，蜀通轮船遇险处……"，字迹仍清晰可见。丰都大佛面现已搬迁至丰都小官山古建筑群，被永久保存。

丰都观音滩石刻群位于新城乡白沙村一组东南方350米处，为长江"险冠全蜀"的险滩，上刻"慈怀普济"、"洞天福地"题记，时代分别为道光十三年（公元1833年）、光绪五年（公元1879年），字旁亦镌造像龛。目前，观音滩石刻群已进行原地保护。

秭归"对我来"题刻，位于茅坪镇庙河中一巨石之上。该地名曰崆岭，为西陵峡中最险峻地段，为了避免船只触礁，在岩石上刻有"对我来"三字的航运标志，以保行船安全。

2. 整治险滩

秭归县归州镇西南的雷鸣洞题刻是川江段现存唯一一处记录成功治滩经验的题刻。明万历三十五年（公元1607年）在抚治都御黄纪贤及归州州守张尚儒主持下，开凿了雷鸣洞下口，缓解了水情。雷鸣洞题刻为"……将新旧口中大石块尽凿，则江水直达州城"之句。

3. 疏通航道

秭归新滩镇自古就是滑坡比较频繁的地段，据史书记载，多次滑坡造成了堵江毁船事件。在新滩镇南岸的江渎后内，保留有记载关于疏通新滩河道的石碑，这是目前保存的唯一一处治理新滩滑坡的石刻记录。

此外，借山形地势，沿江开凿了多处古栈道、古纤道，在大宁河等长江支流的河岸崖壁留下了丰富的古代栈道遗迹。在湖北省巴东县西部沿江崖壁上留下了多处古纤道的石阶、踩脚坑、石绳痕等遗迹。这是长江航运史的珍贵文物资料，也是沿江人民不屈险水、与自然抗争的历史见证。

经过全国文物保护工作者20余年的努力，三峡淹没区的360余处地面文物得到了妥善保护，已成为凝聚乡愁、延续文脉的载体和当地重要的文化旅游资源。

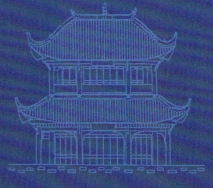

三 峡 地 面 文 物 保 护

重点保护项目

　　在三峡库区地面文物中，白鹤梁水文题刻、石宝寨、张桓侯庙系体量大、文物价值高、保护难度大的文物，为妥善保护好这些文物，规划组根据这三处文物的特点，制定了单独立项、单独核算经费的保护规划。根据规划，对白鹤梁水文题刻实施了兴建水下博物馆方案，对石宝寨采取了"仰墙护坡"的原地保护方案，对张桓侯庙实施了整体搬迁保护方案。

　　由于屈原祠具有广泛的社会影响，经多方论证，以"仿古新建"的保护方式将屈原祠兴建在湖北省秭归县凤凰山麓。

　　经过近十年的保护，这四个大型保护项目已全面完成，并向公众开放。

三峡文物保护

白鹤梁水文题刻

　　白鹤梁位于重庆市涪陵区城北长江之中，因早年白鹤群集梁上得名。

　　唐广德元年（公元763年），时人在梁体以刻石鱼的方式，记载了当年枯水位，认为当江水退，石鱼现时，预兆丰收年景来临，即"石鱼出水兆丰年"。历代的文人墨客将石鱼出水的时间、石鱼距枯水线之间的尺度、观察者的姓名及情景和心情，用诗文形式刻记在石梁上，记录了1200年以来72个枯水年份的水位，留下了极其珍贵的水文资料，堪称保存完好的古代水文站。

白鹤梁全景

在 165 幅题刻中，有黄庭坚、朱昂、秦九韶、刘甲、晁公武、黄寿、王士祯、张师范、肖星拱等文人雅士的题记，这些题记不仅诗文上乘，且书法艺术水平极高，书法中的篆、隶、行、草、楷皆有，被誉为"水下碑林"。1988 年被国务院公布为全国重点文物保护单位。

因兴建三峡工程，白鹤梁水文题刻将永沉江底。为保护好这处珍贵文物，采取了兴建水下博物馆方案。经过 6 年建设，2009 年 5 月，白鹤梁水下博物馆工程竣工，并向公众开放。

三峡文物保护

白鹤时鸣

中流砥柱

北宋黄庭坚题记

肖星拱题记

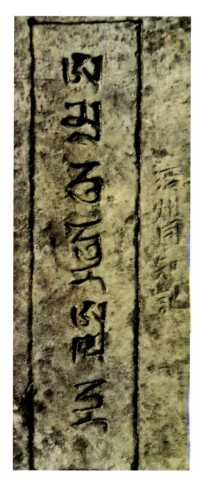

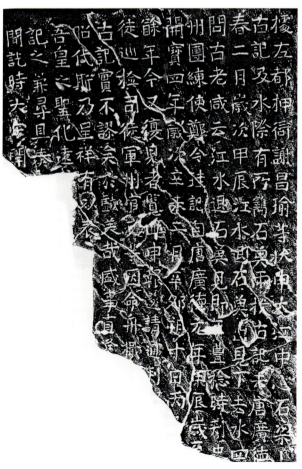

八思巴文题记　　　　　　谢昌瑜等状申题记

三峡文物保护

白鹤梁题记

建设中的白鹤梁水下博物馆

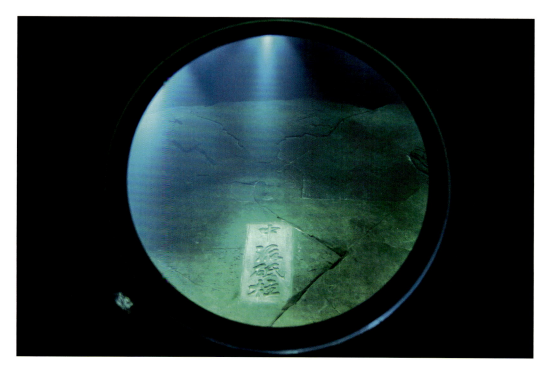

从参观窗口可清晰看到水中题刻

张桓侯庙

　　张飞系三国时期蜀国大将，死后追谥桓侯，后人称其为"张桓侯"。位于重庆市云阳县长江南岸的张桓侯庙就是为纪念张飞而建的庙宇建筑，也称"张飞庙"，相传始建于蜀汉末期，清同治年间重建。2001 年被国务院公布为全国重点文物保护单位。

　　张桓侯庙依飞凤山山势而建，布局独特，错落有序，楼、亭、阁、廊、院皆有，古树绿草簇拥，并有飞流瀑布，是一处享誉全国的文化旅游胜地。

　　张桓侯庙是一处古建筑群，海拔130—160 米，占地面积 11.1 万平方米，受三峡工程建设影响，对其进行整体搬迁保护。

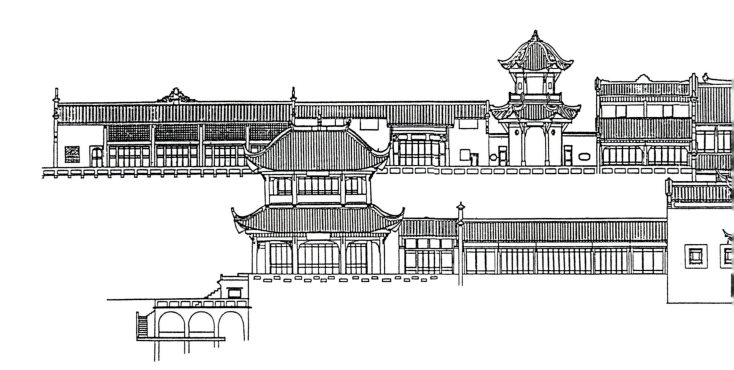

搬迁保护之前的张桓侯庙古建筑群

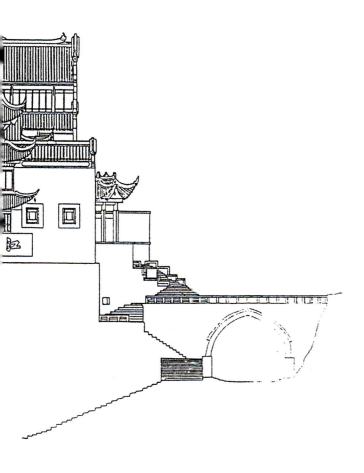

2002年搬迁工程启动，2003年搬迁完毕，2013年7月经验收合格后，正式对外开放。

张桓侯庙搬迁工程遵循了"不改变文物原状"原则，新址选择在与原环境相似的地带，在搬迁中，对原建筑构件进行有序编号，按序复建，搬迁后的张桓侯庙保持了原来的环境风貌和建筑风格。

张桓侯庙搬迁保护工程是继永乐宫搬迁保护工程之后我国最大的文物保护搬迁工程，体现了我国最新的文物保护理念，成为我国文物保护的亮点工程。

张桓侯庙古建筑群立面图

搬迁保护之后的张桓侯庙古建筑群

搬迁至新址的张桓侯庙结义楼顶

搬迁至新址的张桓侯庙杜鹃亭

搬迁至新址的张桓侯庙山门

搬迁至新址的张桓候庙全景

石宝寨

石宝寨位于重庆市忠县长江北岸的石宝镇，是处古建筑群，由玉印山下的寨门、上山通道、"必自卑"石坊门、寨楼、峰顶上的奎星阁和天子殿组成。寨楼始建于清嘉庆二十四年（公元 1819 年），是石宝寨的主体建筑，它倚建在玉印山的东南崖壁，高九层，木结构，彩饰，中国红为彩饰的主色调。寨楼通体呈逐层缩减的金字塔状，每层有上翘楼檐，各层有数量不等的透空圆窗洞和方格木棂窗，楼内建有攀缘木楼梯，可直接攀入奎星阁。奎星阁三层，建在玉印山的峰顶，虽然不与寨楼连体，但在外形和底色上却与寨楼保持一致，远眺与寨楼浑然一体。整体形成通高 45 米、十二层的彩色塔形楼阁，极为壮观和绚丽，被誉为三峡的"璀璨明珠"。天子殿坐落在玉印山峰顶，始建于明代，又称"绀宇宫"，为一处二进院落的建筑群，有前殿、正殿和后殿，前殿与正殿间、正殿与后殿间均有院，并配有厢房。2001 年石宝寨古建筑群被国务院公布为全国重点文物保护单位。

依山而建的石宝寨寨楼

三峡大坝建成后形成的三峡水库最高水位将涨至石宝寨的首层，玉印山也将被水环绕，成为孤岛。为使石宝寨古建筑群得到更好的保护，在对三峡库区文物进行保护规划期间，规划组将石宝寨古建筑群确定为重点保护项目，实行单项规划，专项论证。经过多方论证，对石宝寨古建筑群采取了"仰墙护坡"的保护。这个方案是在规划的基础上，根据玉印山基岩呈慢坡向江心走势的地形，依坡修筑一道环山体的坡面，墁以条石，以抑制江水对玉印山基岩的淘蚀和石宝寨地下水位的上涨，即为"护坡"。"仰墙"则是建造一道厚厚的围墙，将玉印山体护围，起到阻隔江水的作用。同时，对玉印山山体进行加固和危岩治理。

　　经过近4年的施工，2009年石宝寨保护工程竣工并对外开放。

采取"仰墙护坡"保护的石宝寨

实施保护之前的石宝寨

石宝寨寨楼立面图

三峡文物保护

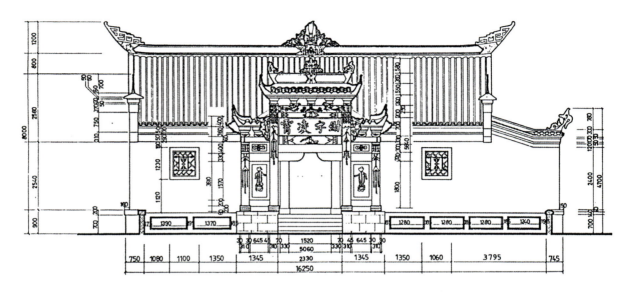

天子殿立面图

石宝寨山顶的天子殿

施工中的石宝寨

从山下院落看石宝寨寨楼

石宝寨全景

屈原祠

受三峡工程水库蓄水影响，屈原祠面临第二次搬迁。

屈原祠是为纪念世界文化名人屈原而建的纪念性建筑，虽然原屈原祠在葛洲坝工程建设中经过了搬迁，多数建筑已成为现代仿古建筑，但屈原作为中国历史文化名人、楚文化的代表人物，其爱国主义精神和对乡土的眷恋情感，感动了一代代人，屈原祠已不仅仅是一座建筑物，已成为纪念和继承传统文化的象征。2006年5月，屈原祠与秭归凤凰山古建筑群一并被国务院公布为第七批全国重点文物保护单位。

经国务院三峡办批准，对屈原祠实施"仿古新建"工程建设，与白鹤梁、石宝寨、张桓侯庙同列为三峡文物保护的四大项目，实行单项规划，单独经费核算。

2006年11月，屈原祠仿古新建工程正式启动，新址选在与三峡大坝隔水相望的凤凰山麓。该项工程分为两组进行，一组以山门、前殿、正殿为主轴，左右布有配房、碑廊、陈列室等；另一组以屈原墓为主轴，布有神道、享堂等建筑。2009年4月竣工并对外开放。

仿古新建后的屈原祠

仿古新建后的屈原祠

仿古新建后的屈原祠

仿古新建后的屈原祠

仿古新建后的屈原祠

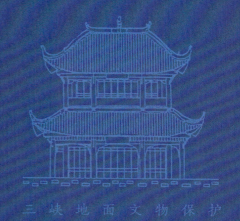

三 峡 地 面 文 物 保 护

重要保护项目

在三峡地面文物保护中，有四处文物属于规模比较大、文物价值比较高、有一定社会关注度的文物。对于这些文物，根据其特点采取了搬迁和原地保护措施，包括大昌古镇整体搬迁、丁房阙、无铭阙搬迁、瞿塘峡题刻原地保护、白帝城岛体的防护与加固。

大昌古镇

大昌古镇位于重庆市巫山县大宁河东岸，是一座有着1700余年历史的古城。西晋太康元年（公元280年）设置建昌县，后周改曰大昌。清康熙九年（公元1670年）裁减大昌，并入巫山。大昌古镇依山傍水，为川鄂交通要道，自古系兵家必争之地。现存建筑多为清代所建，它们分布在三条街道，多为四合院布局，建筑结构主要为穿斗式，少有抬梁式，院落之间设有风火山墙。它们青砖黛瓦，白墙飞檐，雕梁画砖，古朴幽雅，是三峡地区保存最完整的古民居群之一。2000年被重庆市人民政府公布为第一批重庆市文物保护单位。

受三峡工程水库蓄水影响，大昌古镇面临淹没。根据规划，对大昌古镇实行整体搬迁。2005年2月，大昌古镇搬迁工程启动，2007年5月竣工。35处古建筑及街道和城门全部搬迁至距原址8千米以外的海拔175米以上的新址。

原大昌古镇古建筑

原大昌古镇街景

原大昌古镇街景

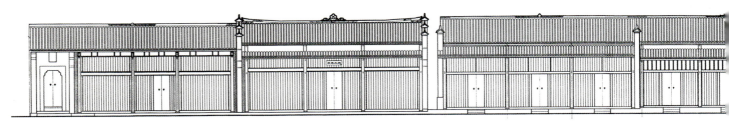

原大昌古镇解放街民居立面图

搬迁至新址的大昌古镇

搬迁至新址的大昌古镇民居局部

搬迁至新址的大昌古镇城门

搬迁至新址的大昌古镇

搬迁至新址的大昌古镇

搬迁保护中的大昌古镇　　　　　　搬迁至新址的大昌古镇温家大院

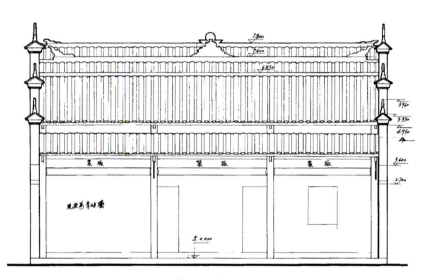

原大昌古镇温家大院立面图

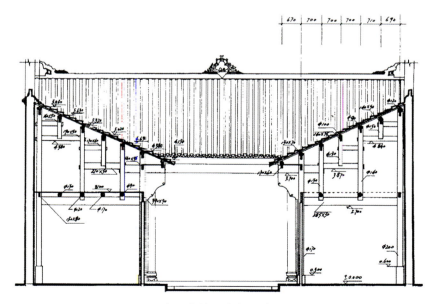

原大昌古镇温家大院剖面图

瞿塘峡摩崖题刻

瞿塘峡题刻

在三峡瞿塘峡入口处的右岸崖壁上，镌刻有宋至民国题刻13处。在这些题刻中，篆、隶、行、楷等书法字体皆有，赞美诗句颇多，也有抗战时期的壮志题刻，其历史、艺术、文献价值极高，是三峡地区最大的摩崖题刻。

受三峡工程水库蓄水影响，瞿塘峡部分摩崖题刻受淹。根据规划，对其采取了两种保护措施：第一，对价值高、体量较小的宋明题刻，采取切割搬迁，在博物馆展示的保护措施；第二，对体量较大的题刻采取原地加固，表面防护，抬高复建的保护措施。

瞿塘峡摩崖题刻

冯玉祥题记

瞿塘峡摩崖题刻

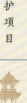

风韵仍存的瞿塘峡题刻

丁房阙、无铭阙

三峡文物保护

位于重庆市忠县的"丁房阙"和"无铭阙"均是重楼式的汉代石阙，所表现出的木结构内涵极为重要。古人云："阙，门观也。"阙本来是立于宫殿、宗庙前的一种可起警卫作用的建筑，以后也用于贵族宅院、祠庙和坟墓前。这两处汉阙均处于三峡水库淹没线之下。根据规划，对这两处文物采取了搬迁至忠县文化生态保护区的保护措施。

丁房阙原址坐落在忠县县城内，为西汉都尉丁房所建，故名"丁房阙"，又因双阙并排，亦称"丁房双阙"。丁房阙东阙为子母阙，高 6.26 米，包括台基、阙身、一层楼、腰檐、二层楼、阙顶。西阙现为单阙，高 5.55 米。丁房阙系全国重点文物保护单位，现已搬迁至忠县文化生态保护区。

搬迁保护之前的丁房阙

搬迁保护之前的无铭阙

丁房阙局部

无铭阙又名"屈原塔"、"宝字塔"，因此阙无铭故称"无铭阙"，其原址坐落在忠县㽏井乡。阙通高 5.66 米，由台基、阙身、一层楼、腰檐、二层楼及阙顶组成。无铭阙系全国重点文物保护单位，现已搬迁至忠县文化生态保护区。

无铭阙局部

三峡文物保护

无铭阙立面图

丁房阙东阙立面图

搬迁保护中的无铭阙

搬迁保护中的无铭阙

搬迁保护中的丁房阙

三峡文物保护

搬迁至忠县文化生态保护区的无铭阙　　　　　搬迁至忠县文化生态保护区的丁房阙

搬迁至忠县文化生态保护区的丁房阙（左）、无铭阙（右）

白帝城

白帝城位于长江三峡瞿塘峡西口，是长江三峡的起点，隶属重庆市奉节县。西汉末年，王莽手下大将公孙述据蜀，兵临赤甲，在此筑城，自号白帝，始为白帝城。东汉初年，光武帝刘秀伐蜀，公孙述战死成都，当地老百姓便在白帝山上建白帝庙祭祀。公元223年，蜀汉皇帝刘备兴兵伐吴，兵败退守白帝城。

白帝城不仅是金戈跃马之地，还是重要的文化遗址，先后建立过捍关、江关、白帝城、夔州都督府、夔州路、瞿塘关等重镇。因其深厚的文化内涵和奇特的自然景观，吸引了李白、杜甫、白居易、刘禹锡、苏轼、陆游、范成大等历史文化名人，并留下大量诗篇，享有"诗城"美誉。

白帝庙大门

白帝庙古建筑群局部

白楼

目前所谓的白帝城指的是白帝山和白帝庙，现存的白帝庙由庙门、前殿（前过厅）、明良殿、东西厢房、武侯祠、东西碑林、白楼等明清建筑构成。

1981年四川省人民政府列为省级文物保护单位，1997年重庆市人民政府公布为第一批市级文物保护单位，2006年国务院公布为第六批全国重点文物保护单位。

三峡水库蓄水后，白帝城成为四面环水的孤岛，对其采取了岛体加固的保护措施。

白帝城远景

三峡文物保护

白帝庙古建筑群局部

观星亭

东碑林

西碑林

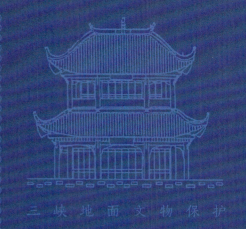

三 峡 地 面 文 物 保 护

宗 教 建 筑

　　三峡地区的宗教建筑包括寺观、祠庙以及近代的天主教堂、伊斯兰清真寺等，这些建筑在构筑技术、工艺及装饰艺术等方面代表了当地建筑的最高水平，反映了当地民俗文化和宗教信仰的形成和发展，构成了三峡地区古老文化的重要景观。

秭归水府庙
（清代）

　　水府庙原址位于湖北省秭归县香溪镇，又名镇江王爷庙，现已搬迁至秭归凤凰山古建筑群。

搬迁保护之前的水府庙

搬迁至秭归凤凰山古建筑群的水府庙

巴东王爷庙

（清代）

王爷庙原址位于湖北省巴东县楠木园村东，又名镇江阁。清嘉庆十六年（公元1311年），众船主为求得王爷保佑航运平安，集资而建。现已搬迁至巴东狮子包古建筑群。

搬迁保护之前的王爷庙

搬迁至巴东狮子包古建筑群的王爷庙

宗教建筑

441

云阳下岩寺（唐代）

下岩寺原址位于重庆市云阳新县城东部原双江镇塘坊村的长江边，始建于唐朝末年，该寺正殿供奉如来佛像，两侧有文武财神雕像。因地处江边悬崖洞壁，曾作原地保护项目，后调整为搬迁复建项目。现已搬迁至云阳爱国村紫金沟小江岸边。

搬迁保护之前的下岩寺外景

搬迁复建之后的下岩寺全景

丰都天佛寺
（明代）

天佛寺原址位于重庆市丰都县旧县城西郊，原名"天福寺"。始建年代不详，明嘉靖庚子年（公元1540年）改建，明万历十二年（公元1584年）重修。该寺由山门、前殿、后殿及左右厢房组成，为穿斗与抬梁式混合结构，悬山式屋顶，占地面积602平方米，建筑面积668.8平方米。2006年搬迁至丰都小官山古建筑群。现为重庆市文物保护单位。

天佛寺正殿及左右厢房

天佛寺山门

涪陵蔺市文庙 （清代）

文庙原址位于重庆市涪陵区蔺市镇，始建于清光绪七年（公元1881年）。该建筑包括山门、东西厢房、正殿。正殿的木桩、梁架等木构件体量较大，建筑面积437平方米，整体建筑保存基本完整。现已整体搬迁至蔺市镇凤阳社区一组，搬迁后的文庙基本保持了原有风格。

文庙原貌

搬迁保护之后的文庙

云阳帝主宫

（清代）

　　帝主宫原址位于重庆市云阳县原双江镇糖站，建于清光绪九年（公元1883年），建筑面积125平方米，占地面积500平方米。原建筑已大部残毁，仅有大殿一处基本保持原貌。大殿为三开间，属穿斗抬梁混合式结构，其梁架、栏柱均为原建，其中的木雕艺术价值较高。现已搬迁至云阳青龙古建筑群。

帝主宫构件

搬迁至云阳青龙古建筑群的帝主宫

宗教建筑

445

云阳文昌宫
（明代）

文昌宫原址位于重庆市云阳县云安镇，始建于明代，清代重修，民国时期为辅成中学校址，建筑面积约 1972 平方米，占地面积约 4500 平方米。该建筑由两组院落组成，除大厅外，两侧为二层厢楼，建筑为穿斗木构架，保存基本完整。现已整体搬迁至云阳青龙古建筑群。

搬迁至云阳青龙古建筑群的文昌宫

巴东地藏殿
（清代）

地藏殿原址坐落在湖北省巴东县东壤口镇红庙岭的西陵峡左岸江边的高台地上，建于清乾隆三十年（公元1765年）。据传出入峡口的溺水者在此飘于岸边，此殿是专为打捞、掩埋死者、安抚亡灵而建。原殿内供地藏王菩萨，后毁。殿面阔三间，明间为砖牌楼门面，两山以弯曲马头墙封护。建筑面积 156 平方米，占地面积 425 平方米。现已搬迁至巴东狮子包古建筑群。

搬迁保护之前的地藏殿

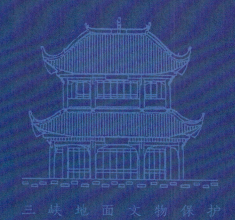

三 峡 地 面 文 物 保 护

古代民居建筑

　　在三峡淹没区涉及保护的民居建筑有百余处，占地面文物总数的三分之一。这些民居分布于淹没区的各个区县，尤以湖北省秭归、巴东、兴山和重庆市巫山、云阳、奉节、丰都、万州、忠县、石柱、涪陵等区县为多，对于这些民居的保护多采取搬迁方式。在搬迁中，尽量使用原构件，并对原构件进行编号，按序号复原修建。

丰都卢聚和大院
（清代）

卢聚和大院现位于重庆市丰都县名山街道名山路居委会小官山彭家垭口，为清代卢氏住宅。该民居坐西南向东北，由上、中、下三院落组合，呈一字并排，各院均为硬山顶穿斗与抬梁混合式结构，并以封火山墙隔离。建筑群占地面积5805平方米，建筑面积3010平方米。原位于丰都旧县城中华路，2006年搬迁至丰都小官山古建筑群。现为重庆市文物保护单位。

搬迁至丰都小官山古建筑群的卢聚和大院中院

卢聚和大院原址

搬迁至丰都小官山古建筑群的卢聚和大院上院全景及内部

搬迁至丰都小官山古建筑群的卢聚和大院下院全景及细部

搬迁至丰都小官山古建筑群的卢聚和大院

丰都秦家大院（清代）

秦家大院现位于重庆市丰都县名山街道名山路居委会小官山彭家垭口，为清人秦香圃之宅。该民居坐东北向西南，两进院落，左右各置一偏院，占地面积1573平方米，建筑面积1031平方米。砖木结构，穿斗与抬梁混合式梁架，硬山顶，小青瓦，木板墙，格子、雕花门窗，雕花石柱础，青石墁地。由前厅、左右厢房、正厅组成，呈逐级增高走势，四周以封火山墙围合。原位于丰都县高家镇关田沟村，2006年搬迁至丰都小官山古建筑群。现为重庆市文物保护单位。

搬迁至丰都小官山古建筑群的秦家大院局部

搬迁至丰都小官山古建筑群的秦家大院

搬迁至丰都小官山古建筑群的秦家大院局部

丰都周家大院
（清代）

　　周家大院现位于重庆市丰都县名山街道名□路居委会小官山彭家垭口。坐西北向东南，占地面积1008平方米，建筑面积□40平方米。砖木结构，穿斗与抬梁混合式梁架。该建筑由前厅、中厅、后厅、□后东西厢房及封火山墙组成。原位于丰都旧县城平都路，2006年搬迁至丰都小官山古建筑群。现为重庆市文物保护□位。

搬迁至丰都小官山古建筑群的周家大院局部

搬迁至丰都小官山古建筑群的周家大院

搬迁至丰都小官山古建筑群的周家大院堂院

丰都王家大院
（清代）

　　王家大院现位于重庆市丰都县名山街道名山路居委会小官山彭家垭口，始建于清代。该民居坐西北向东南，一进三重四合院落，占地面积1328平方米，建筑面积1149平方米。建筑采用穿斗与抬梁混合式构架，砖木结构，硬山顶，小青瓦屋顶，木板墙，格子、雕花门窗，雕花石柱础，条石墁地。原位于丰都旧县城中山路，2006年搬迁至丰都小官山古建筑群。现为重庆市文物保护单位。

搬迁至丰都小官山古建筑群的王家大院大门

搬迁至丰都小官山古建筑群的王家大院

搬迁至丰都小官山古建筑群的王家大院正厅

搬迁至丰都小官山古建筑群的王家大院后厅及配房

搬迁至丰都小官山古建筑群的王家大院细部

搬迁至丰都小官山古建筑群的王家大院穿堂门厅

兴山吴翰章老屋（清代）

吴翰章老屋原址位于湖北省兴山县昭君镇响滩村一组，兴山清末著名举人吴翰章宅第。吴翰章，字星桥，同治三年（公元1864年）举人。该建筑坐东朝西，依山坡而建，建筑面积294.5平方米，两进四合院式布局。现存第二进院落，有厅屋、堂屋和厢房。通面阔三间12.2米，通进深13.6米。砖墙支撑山面屋顶，中轴线上为穿斗式构架，边屋为二层楼，巡回相通，五花屏风山墙。现已搬迁至兴山古夫民居，湖北省文物保护单位。

搬迁至兴山古夫民居的吴翰章老屋外景

搬迁至兴山古夫民居的吴翰章老屋

兴山陈伯炎老屋
（清代）

陈伯炎老屋原址位于湖北省兴山县昭君镇□滩村一组，清代建筑，建筑面积442平方米，原海拔170米，平面呈纵长方形布局。现已搬迁至兴山古夫民居，湖北省文物保护单位。

搬迁至兴山古夫民居的陈伯炎老屋

搬迁至兴山古夫民居的陈伯炎老屋中堂

古代民居建筑

455

搬迁保护之前的新滩民居全景

搬迁保护之前的郑万绪和郑启恩老屋

秭归新滩民居

（清代）

新滩位于长江西陵峡的兵书宝剑峡与牛肝马肺峡之间，是长江上游有名的山崩地带，《归州志》曾记载此处"始平坦，无大滩"。东汉永元十二年（公元100年）第一次崩山，后又崩山数次，形成滩长数百余米的新滩险阻，故名新滩。1985年6月，新滩发生特大滑坡，新滩北岸的古民居群毁于一旦，留下了新滩南岸的数十栋民居老屋，在这些民居中尤以郑氏家族的民居最有特点。它们规模较大，保存较为完整，厅屋、天井、堂房、厢房错落有序，青砖灰瓦，风火墙鳞次栉比，木雕、灰塑、彩绘古朴清新。受三峡大坝蓄水影响，2001年搬迁至秭归新县址凤凰山麓，现与凤凰山其他古建筑共为全国重点文物保护单位。

古代民居建筑

搬迁保护之前的新滩古镇入口处

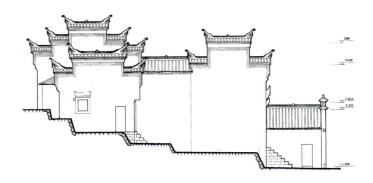

搬迁保护之前的郑万瞻老屋风火墙剖面图

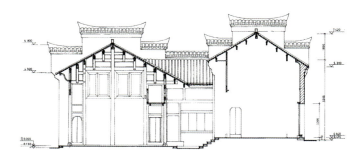

搬迁保护之前的郑万瞻老屋剖面图

搬迁至秭归凤凰山古建筑群的郑万琅老屋

搬迁保护之前的郑万绪老屋   搬迁保护之前的新滩民居院门

搬迁至秭归凤凰山古建筑群的郑万瞻老屋

巴东楠木园民居（清代）

楠木园民居位于巴东县楠木园乡，该民居群或为带阁楼木板屋，或为土家族典型的吊脚楼形式。

楠木园民居原貌

楠木园街景原貌

搬迁至巴东狮子包古建筑群的吊脚楼民居

三 峡 地 面 文 物 保 护

石 质 文 物

　　三峡库区的石质文物具有时代早、延续年代长的特点，现存石质文物有汉、晋、唐、五代、宋、元、明、清及民国时期的 100 余处。它们从不同侧面反映了各个历史时期的政治、经济及社会生活状况，蕴含丰富的历史信息和文化信息。对于这些文物的保护，多采取原地保护和搬迁保护。

三峡文物保护

龙脊石题刻
（宋代—清代）

龙脊石位于重庆市云阳县城长江江心处，长200余米，宽10余米，当冬春枯水季节江水达到一定低水位时，会露出水面。由于露出的梁体犹如龙脊，故名龙脊石，也称龙潜石。

古时，当龙脊石露出水面时，登梁体观景者众，有文人赋诗言情，也有人占卜来年丰歉，留下了自北宋以来的各代题刻170余处，包括53个枯水年份的68段水文题刻。题刻大字如斗，小字如粟，篆、隶、楷、草俱全，成为古代书法艺术与枯水记录的宝库。"古渝之义熙，涪陵之石鱼，云阳之龙脊石，虽地各异，然意皆同。"

三峡水库蓄水后，龙脊石将永沉江底，对其采取了留取资料的原地保护措施，并在云阳青龙古建筑群按原状复制了龙脊石的60米梁体和90余款题刻。

复制于云阳青龙古建筑群的龙脊石题刻

静卧江心的龙脊石

露出江面的龙脊石题刻

夏黄氏节孝牌坊
（清代）

　　夏黄氏节孝牌坊位于重庆市云阳县高阳镇牌坊村，因地处淹没区，2002年搬迁至云阳青龙古建筑群。该牌坊建于清嘉庆十五年（公元1810年），为四柱三门、三重檐的石质建筑。正面中央开间的上下花板间有"节孝"和"坤维正气"刻字，中央横坊正面刻有"处士夏承才之妻黄氏之坊"，背面刻有"表处士夏承才之妻黄氏之坊"。夏黄氏节孝牌坊是典型的表彰性建筑，表彰夏承才之妻黄氏遵从社会传统礼制与道德，其历史价值和艺术价值极高。

搬迁保护中的夏黄氏节孝牌坊

夏黄氏节孝牌坊细部

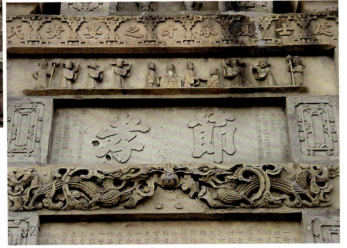

搬迁至云阳青龙古建筑群的夏黄氏节孝牌坊

曾氏节孝坊
（清代）

曾氏节孝坊位于重庆市丰都县高家镇建国村，建于清光绪十七年（公元1891年），系四柱三开间、三重檐歇山顶石质建筑。该节孝坊是为表彰谭嗣金之妻曾氏在丈夫死后终身不嫁，孝敬双亲的传统美德而建。通长9.75米，高11.2米，占地面积31.2平方米。正脊塑葫芦状宝瓶，螭尾高翘，各檐下施斗。横枋书"圣旨"、"旌表"、"怀清履洁"、"处士谭嗣金之妻曾氏节孝坊"及题刻书法，并刻有人物故事、龙纹、花草及瑞兽等精美浮雕图案。该节孝坊是峡江地区典型的清代牌楼建筑。

曾氏节孝坊

刘氏贞节牌坊
（清代）

刘氏贞节牌坊位于重庆市万州区钟鼓楼办事处桑树4组，建于清光绪元年（公元1875年），坐东朝西，四柱三间式仿木结构，三重檐歇山顶，总高5米，宽4米。两侧有抱鼓，上刻"圣旨"二字，其四周是二龙戏珠图案，上额坊为"旌表节孝"，下额坊为"处士张绍武妻刘氏坊"，其左边有"仲冬月达"，右边有"光绪元年"刻字。该牌坊制作精美，特别是梁枋和抱鼓采用圆雕，具有较高的文物价值和艺术价值。

刘氏贞节牌坊

大佛面石刻造像
（明代）

大佛面石刻造像原址位于重庆市丰都县名山镇仁爱村一社长江边观音滩，始建于明天顺年间（1457—1464 年）。佛头高 2.4 米，造像右侧刻有"大佛面"三字，左侧雕刻题款风化严重，尚有"□□□二月二□□□"、"紫广□□□丞张于铭谨记"等。该造像既是江中险滩标志，又有求神灵保佑安渡含义。这种以摩崖造像为水文标识的做法，在长江沿岸实属少见，具有较高的石刻艺术和水文价值。受三峡库区蓄水影响，2002 年对其进行保护性切割，2008 年搬迁至丰都小官山古建筑群。

搬迁保护之前的大佛面石刻造像

搬迁至丰都小官山古建筑群的大佛面石刻造像

石质文物

467

观音岩摩崖造像
（明代）

观音岩摩崖造像位于重庆市忠县任家镇红星村，明代开凿，凿于崖壁上，共二龛四尊像。其中一龛中的造像头部已无，龛壁有刻字；另一龛为三尊造像。由于观音岩摩崖造像地处淹没线以下，对其采取了原地保护措施。

观音岩摩崖造像

观音岩摩崖造像

乘龙造像

（清代）

乘龙造像位于重庆市云阳县双江镇九龙乡石龙村，刻于清代，为刻在崖壁上的雨师骑龙像，另有题记一处：因川东久旱不雨，故刻龙求雨。由于该处文物地处淹没线以下，对其采取了原地保护措施。

乘龙造像

宝塔沱水则题刻

（明代）

宝塔沱水则题刻位于重庆市云阳县云阳镇宝塔乡宝塔村，开凿于明代，凿于石壁上，宝塔为五级经幢式高浮雕，是长江航行的重要航标标识。据记载，（江）水淹宝塔顶，行船十九稳，水淹宝塔脚，行船十九没。由于该处文物地处淹没线以下，对其采取了留取资料保护措施。

石质文物

469

宝塔沱水则题刻

『楚蜀鸿沟』题刻（清代）

"楚蜀鸿沟"题刻位于湖北省巴东县官渡口镇上游，为乾隆年间荆南观察使李拔题写，位于湖北、四川（现重庆市）两省分界处。相传楚蜀分界线为一条深沟，历史上两地居民为争山夺柴，曾引起械斗，故"楚蜀鸿沟"不仅具有分界之意，并隐含"鸿沟已深，不易填矣"之叹。由于该处文物地处淹没线以下，对其采取了留取资料保护措施。

"楚蜀鸿沟"题刻

『灵山圣境』题刻（民国）

此题刻位于湖北省巴东县信陵镇无源洞桥西的一巨石上，镌刻于长108厘米、高60厘米的矩形方框中，阴刻，题首为"民国庚申年三月榖日"，题刻为"灵山胜境"四字，落款为"山左柳宝庆敬题"。该题刻保存完好，与当地的优美自然风光融为一体。由于该处文物地处淹没线以下，对其采取了留取资料保护措施。

"灵山圣境"题刻

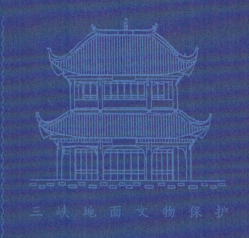

三 峡 地 面 文 物 保 护

古 代 桥 梁

　　三峡工程淹没及受到影响的古代桥梁数以百计，均分布在长江支流上。从结构和形式上可分为拱桥、梁桥和廊桥，质料为石材，时代多为明清，略晚者可至民国之初。对于这些桥梁的保护采取了搬迁保护、原地保护和留取资料的保护措施。

龙门桥
（清代）

　　龙门桥位于重庆市涪陵区蔺市镇西头梨香溪河口，始建于清光绪元年（公元 1875 年），现为重庆市文物保护单位。该桥由南川著名桥梁建筑师陈永恩设计，当地民众募捐集资修建，时间长达 13 年。该桥全长 173.5 米，宽 8.8 米，高 25 米，为三孔无铰实肩平桥，其自东向西各拱跨为 26.3 米、28.2 米、25.7 米，拱矢高 14.5 米。拱券由两层石块组成，辅券石在表面做出叠涩线，凸出主券石约 10 厘米，增加了拱券表面的层次感。桥墩由条石砌成，共 16 层，每层高 0.6—0.7 米，桥墩迎水面做楔形分水尖，背水面做成阶梯状，自上至下依次加宽。桥体两侧面由条石砌成，桥体内部由碎石及黏土填筑。桥面铺砌条石，桥面两侧立有高 1.1 米的石栏板。桥南侧中拱顶部有一个

建设中的龙门桥搬迁保护工程

龙门桥原貌

搬迁保护之后的龙门桥

龙门桥构件

呈三节葫芦状的石雕宝瓶，宝瓶背后的石栏板上刻有楷书"龙门"二字，对应的北侧石栏板上刻有楷书"龙门桥"三字。在南侧桥墩正上方，对称布置了一雌一雄的石雕龙头，相对应的北侧桥栏上为两条龙尾。另外在桥北两边拱中心，还有文武状元雕刻。这些艺术构件均由整块石料雕刻而成，最高达3米，每块重达数吨，除装饰桥体外，在结构上还起到了压券石的作用，增加了桥体的稳定性。龙门桥东连蔺市镇，西接石沱镇，曾是下川东的必经之径，是三峡库区最大的古桥梁。在建成后的130余年间，虽屡遭洪水，仍安然无恙。该桥不仅结构合理、用料考究，且具有极高的艺术价值，是川东桥梁史上不可多得的精品。受三峡水库蓄水影响，对龙门桥采取了搬迁保护措施，于2006年3月开工，2009年9月竣工。

陆安桥
（清代）

陆安桥原址位于重庆市万州区陆家街，建于清同治十年（公元1871年）。该桥系单孔石拱桥，全长41米，跨度32.4米，高17米，宽9米。由于该桥在渝东地区的众多石拱桥中独具特点，被茅以升先生收录在《中国古桥技术史》一书中，也被英国李约瑟先生收录在《中国科学技术史》一书中。目前，陆安桥已搬迁至万州青龙瀑布风景区。

搬迁保护之前的陆安桥

搬迁至万州青龙瀑布风景区的陆安桥

安澜桥
（清代）

安澜桥坐落在重庆市涪陵区蔺市镇，对该桥已采取原地保护的方式进行了妥善保护。

安澜桥

明镜桥
（民国）

明镜桥坐落在重庆市万州区瀼渡镇石山村，为一座双孔石拱桥，保护方式为留取资料。

古代桥梁

明镜桥

述先桥
（清代）

述先桥坐落在重庆市云阳县南溪镇
盐渠乡广木村，为一座大型单孔石桥，
保护方式为留取资料。

述先桥

三 峡 地 面 文 物 保 护

古代栈道与纤道

　　栈道，又名阁道、复道、栈阁，是指在山间陡峭的石壁上凿孔揳木，上铺木板而成的架空通道。受自然地理影响，三峡地区自古以来就存在交通不便的问题。尤其是峡江两岸绝壁千仞，在瞿塘峡和西陵峡段，一旦到了洪水泛滥的季节，江船航行被迫中断，长江流域的往来交通因此断绝。为方便通行，当时的人们在峡江两岸修筑栈道。其中有很多古栈道遗迹被保存至今，比较著名的有瞿塘峡孟良梯、偷水孔、大宁河古栈道等。栈道所经之处地形复杂，当时的人们修筑栈道都是因地制宜，使得三峡栈道具有十分鲜明的特点。

　　纤道，是专门便于纤夫逆水牵引舟船而开辟的通道，一般开凿于江河陡峭的岸边，如湖北省巴东纤道等。

　　自古以来，三峡栈道和纤道为加速三峡地区经济发展，沟通三峡与川陕鄂和中原地区的交流做出了巨大贡献。

　　对于栈道和纤道的保护多采取原地保护和留取资料的方式加以保护。

巴东链子溪栈道

巫山大宁河古栈道孔（唐代）

巫山小三峡古栈道

峡江栈道

瞿塘峡孟良梯栈道

三峡文物保护

巴东纤道之牛鼻子

纤道中的纤绳石

巴东纤道

巴东纤道

三 峡 地 面 文 物 保 护

其 他 文 物

在三峡淹没区,涉及保护的地面文物达到364处,包括古代民居、宗教建筑、石质文物、古代桥梁等,还有部分文物的类别属性较为分散,在本书中,暂以"其他文物"加以区分。

屈原故里牌坊

（清代）

屈原故里牌坊原址位于湖北省秭归县归州镇，建于清代，系四柱三间三楼歇山顶木构牌坊。高约7米，面阔5.2米，花岗岩基石，明间方柱，边长0.32米，次间圆柱，径0.28米，柱前后有抱鼓石，灰筒瓦屋面。主楼嵌郭沫若书"屈原故里"石匾。现已搬迁至秭归凤凰山古建筑群。

搬迁至秭归凤凰山古建筑群的屈原故里牌坊

搬迁保护之前的屈原故里牌坊

搬迁保护之前的秋风亭

秋风亭
（清代）

　　秋风亭又称寇公亭，始建于北宋太平兴国三年（公元978年），为寇准任巴东县令时在江北巴东旧县坪所建，南宋末随县城迁至江南，明正德年间为纪念寇准迁至巴东县城，经历代多次修葺，现存为光绪二十四年（公元1898年）重建。建筑面积146平方米。歇山顶楼阁式木质结构建筑，重檐二层，高10.76米，平面方形，屋面灰筒瓦，瓦当有"万古不朽"铭文。正脊中间置宝瓶，两端用吻兽，垂脊端头用垂兽。抬梁式结构，下檐檐柱四根，金柱四根，金柱同时又是上檐的檐柱。飞檐四角攒尖顶，翘角抬梁雕饰龙头含珠，上下层有格扇门窗。其历史悠久，建筑艺术精致，具有极高的历史和艺术价值，系巴东县重要的人文景观和标志性建筑。1992年12月，被湖北省人民政府公布为第三批省级文物保护单位。秋风亭现已搬迁至巴东狮子包古建筑群。

搬迁至巴东狮子包古建筑群的秋风亭

钟楼
（民国）

　　钟楼位于重庆市万州区西山公园内，西山公园原为国民党军官杨森的私家园林。1930—1931 年在公园内建钟楼，该钟楼共 12 层，高 50.2 米，其造型具有西方建筑特征，其四个大型时钟由亨得利钟表公司提供。因钟楼体型高大，不仅是万州的标志，也是长江三峡的重要人文地标。对其采取了原地保护措施。

坐落在万州西山公园内的钟楼

依斗门
（清代）

依斗门又称大南门，原址位于重庆市奉节县县城永安镇大南门街南端，始建于明成化十年（公元1474年），建筑面积382平方米，系原夔州古城南门。清同治九年（公元1870年）遭遇洪水后，城门均用条石垒砌重建。城门残高12.9米，面阔25.28米，进深15.14米。城门洞由内外两券构成，城门洞地面内高外低，高差7.4米，用40级石踏步连通。内外洞之间原有城门一道，现已毁，城门顶部城楼也已毁。现已搬迁至夔州古城文化博览园，并对城楼进行了复原。

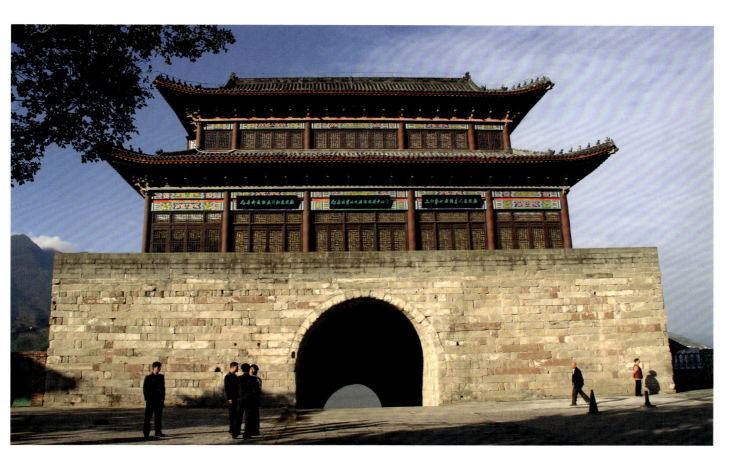

依斗门原貌

搬迁至夔州古城文化博览园的依斗门

搬迁至云阳青龙古建筑群的维新学堂

维新学堂
（清代）

　　维新学堂原址位于重庆市云阳县云安镇云安盐厂，海拔 160 米，始建于清朝晚期，原名为"维心学堂"，后更名为"维新学堂"，是在戊戌变法中，为"废除科举，兴办学堂"而建。学堂由数座古式厅堂和四合院组成，用抬梁和穿斗相结合的木构架，并设有二层阁楼，四合院周围有檐廊。现厅堂仅存一座，保存较好；四合院已遭破坏，改动较大。维新学堂现已搬迁至云阳青龙古建筑群。

搬迁至云阳青龙古建筑群的维新学堂局部

搬迁至云阳青龙古建筑群的维新学堂

云梯街

云梯街位于重庆市石柱县西沱古镇，该镇因地处长江南岸回水湾，唐宋以来就是沿江重要的物资集散地，是"川盐楚运"的要镇，也是"水陆贸易烟火繁盛"之地。作为古镇主要街道的云梯街，沿垂直山体等高线延伸，街长1200余米，共113个梯阶，1124步台阶，石阶两侧店铺、民居、祠庙毗邻蜿蜒。对整条街道采取了留取资料的保护措施，对部分被淹建筑采取了异地搬迁的保护措施。

云梯街

云梯街

三峡文物保护

磐石城

磐石城又名大石城，位于重庆市云阳县城西约 30 千米的长江北岸石城山顶。因其石壁周回，顶圆如磨，俗称磨盘寨。城顶面积约 5.7 万平方米，高出城下约 150 米。其城背负小江，面临长江，左靠小江口。磐石城四围绝崖凌空，峭立如堵，唯有东西两城门有千级石梯可上，可谓"一夫当关，万夫莫开"，地理位置十分险要。南宋淳祐二年（公元 1242 年），宋军成功抵御蒙古军入侵，成为南宋重要的抗蒙遗址。元代以后，建昙华寺。清时建涂氏宗祠，并整修寨门、山墙，增设枪眼、炮位、炮洞，将磐石城建成一座坚如磐石的军事要塞。现城墙、寨楼保存完好，寺、祠遗迹仍存。目前，磐石城的保护已纳入大遗址文物保护规划。

磐石城前寨门

屹立江心的锁江铁柱

搬迁保护之前的锁江铁柱

搬迁至高岸的锁江铁柱

锁江铁柱
（南宋）

　　锁江铁柱原址位于重庆市奉节县瞿塘峡西口铁柱溪，海拔 68 米。锁江铁柱是竖立在草堂河与长江交汇处的一块巨礁上的两根铁柱，生铁铸成，高 2.3 米，直径 0.4 米，铁柱基座高 0.27 米，柱身有五节宝顶，上部有纹饰，其中一根铁柱下部残存"……大将军徐……"字样。据考证，这两根铁柱系守关大将军徐宗武于南宋景定五年（公元 1264 年）所铸，用于拦截由水路入侵的元军船队。锁江铁柱是南宋抗元战争遗迹，是研究宋元时期三峡地区战争史的重要实物资料，历史价值较高。锁江铁柱虽经受了几百年的风雨，依然屹立江中，反映出南宋时期的冶金技术已相当发达，具有较高的科学研究价值。对其采取了搬迁保护措施。

荆竹坝悬棺墓群

荆竹坝悬棺墓群也称荆竹坝岩棺墓群，分布于重庆市巫溪县大宁河支流东溪河荆竹峡西岸的悬崖峭壁上。该墓群高出水面100—140米，共有棺木24具，它们以偶数成组，安放于崖壁间狭窄长形平台上，棺木中保存有遗骨及陪葬品，年代为战国至西汉。这是三峡地区发现最早，也是最集中、数量最多的悬棺墓之一。至于怎么将这些棺木安放在悬崖峭壁间，至今还没有公认的解释。荆竹坝悬棺墓群的发现，为三峡地区古代少数民族丧葬习俗的研究提供了重要的实物资料。荆竹坝悬棺墓群现为全国重点文物保护单位。

安放在崖壁间狭窄长形平台上的棺木

荆竹坝悬棺墓群全景

三峡文物保护

洄澜塔
（清代）

洄澜塔原址位于重庆市万州区长江南岸，坐南朝北，建于清乾隆五十五年（公元1790年）。该塔为仿楼阁式砖石结构，九层六边锥体形塔，通高29.82米，塔基为不规则形，塔顶立三级小铁塔为刹，塔身装饰华丽，石龛刻有太阳、凤鸟、麒麟、鱼、龙等图案。洄澜塔系风水塔，为镇水和保佑江上行船安全而建。该塔造型优美，塔身颜色黑白分明，引人瞩目，是渝东地区极具特色的塔。受三峡水库蓄水影响，对洄澜塔采取了搬迁保护措施，现已搬迁至万州江南新区南山公园。

搬迁至万州江南新区南山公园的　搬迁保护之前的洄澜塔
洄澜塔

瀼渡字库塔
（清代）

瀼渡字库塔原址位于重庆市万州区瀼渡镇东250米处，面临长江，为处置写过字的纸张而建，建于清代。四层楼阁式石塔，通高5.12米，塔身呈六边形，自下而上收杀，塔檐为石板叠成，角部翘起。受三峡水库蓄水影响，对瀼渡字库塔采取了搬迁保护措施，现已搬迁至万州汇南新区。

搬迁保护之前的瀼渡字库塔

搬迁保护之前的小周字库塔   搬迁至万州江南新区的小周字库塔

小周字库塔

（清代）

　　小周字库塔原址位于重庆市万州区小周镇，建于清同治年间，五级楼阁式石塔，宝瓶顶，塔身呈六边形，通高 5 米，宽 2.4 米。该塔系为文人处置写过字的纸张而建，寓意要尊敬文字，不得随便丢弃有字的纸张，也有祈求行船平安的寓意。受三峡水库蓄水影响，对小周字库塔采取了搬迁保护措施，现已搬迁至万州江南新区。

三峡

博 物 馆 和 文 物
搬 迁 复 建 区 建 设

三峡博物馆和文物搬迁复建区建设

—— 郝国胜 ——

三峡文物保护是一项浩大的文物保护工程，除保护了数百处地面文物和出土了 25 万余件套文物外，还在保护的同时，根据文物保护与利用的需要进行了博物馆和文物搬迁复建区建设。博物馆和文物搬迁复建区建设与地面、地下文物保护均是三峡文物保护工程的主体，是三峡文物保护工程的重要组成部分。

一、博物馆建设

在三峡文物保护中，出土了大量地下埋藏的文物，对于这些文物的保管、研究、展示以及延续性保护必须由具备以上功能的博物馆承担。

早在 20 世纪 90 年代的三峡文物保护规划阶段，规划组就根据三峡文物状况制定了博物馆建设总体规划，提出以重庆中国三峡博物馆、白鹤梁水下博物馆、万州博物馆、宜昌博物馆为中心的博物馆建设方案。

2005 年，重庆中国三峡博物馆落成并对外开放。

2009 年，白鹤梁水下博物馆落成。这是世界上第一座水下博物馆，体现了我国高超的博物馆建设水平和文物保护理念。

2016 年，宜昌博物馆新馆主体建筑落成。

经过 20 余年文物保护，三峡库区各区县都相继出土或发现了有地域特点的文物，为妥善保管和展示这些珍贵文化遗存，许多区县相继建设了博物馆，包括开州博物馆、忠州博物馆、重庆三峡移民纪念馆、云阳博物馆、夔州博物馆、巫山博物馆、巴东博物馆等。还有些区县正在筹备建设博物馆，如涪陵博物馆、丰都博物馆、秭归博物馆等。

三峡库区博物馆建设，不仅为文物安了"家"，使得抢救性保护的文物得到安全的保管和收藏，更重要的是使这些珍贵的文化遗存在博物馆中能够得到延续保护，并凝聚三峡文化软实力。通过博物馆展示，让公众享受文物保护成果，丰富人民群众的文化生活，满足人民群众日益增长的文化需求，为实现中国梦奠定文化基础。

二、文物搬迁复建区建设

在三峡文物保护中，有132处地面文物属于搬迁保护项目，根据属地管理和"集中复建，统一管理"原则，各区县的搬迁文物均在本区县内选择适宜的环境，集中复建，形成了包括湖北秭归凤凰山古建筑群、巴东狮子包古建筑群、兴山古夫民居和重庆巫山江东嘴文物复建区、夔州古城文化博览园、云阳青龙古建筑群、丰都小官山古建筑群、忠县文化生态保护区等文物搬迁复建区，在这些文物搬迁复建区中集中保存有搬迁至此的古代民居、宗教建筑、石质文物、古代桥梁、古代城墙、古代城楼、古塔、名人故居故里等。

文物搬迁复建区凝聚了三峡古代建筑和古代艺术的精华，增添了三峡带有古代文化元素的新景观，有些已经成为国家5A级旅游景区。参观者可在文物搬迁复建区中感悟自然与人文相结合的新环境，欣赏古代建筑艺术，提升鉴赏水平。

三峡博物馆和文物搬迁复建区建设

博物馆建设

在三峡文物保护中，保护了上千处文物，出土 25 万余件套文物。为更好地保管和利用这些珍贵文物，三峡库区建设了许多博物馆，包括重庆中国三峡博物馆、白鹤梁水下博物馆、宜昌博物馆（新馆）、重庆三峡移民纪念馆、巴东博物馆、巫山博物馆、夔州博物馆、云阳博物馆、开州博物馆等，这些博物馆在推进文物的保护和利用中发挥了重要作用，成为弘扬祖国悠久文化传统和实现文化强国梦的重要场所。

三峡文物保护

重庆中国三峡博物馆

重庆中国三峡博物馆（重庆博物馆）位于重庆人民大礼堂中轴线上，其前身为1951年成立的西南博物院，1955年因西南大区撤销更名为重庆博物馆。2000年，为承担三峡文物保护工程文物收藏、研究和展示工作，经国务院办公厅批准设立重庆中国三峡博物馆（重庆博物馆），2005年6月18日正式对外开放。重庆中国三峡博物馆占地面积3万平方米，建筑面积45098平方米，是首批国家一级博物馆和中央地方共建国家级博物馆。

坐落在重庆人民广场的重庆中国三峡博物馆

展厅

　　历经 60 余年的发展，重庆中国三峡博物馆（重庆博物馆）现有馆藏文物 27 万余件，涵盖 35 个门类，藏品丰富，系列完整。常设"壮丽三峡"、"远古巴渝"等陈列。现为全国爱国主义教育示范基地、全国青少年教育基地和全国科普基地。

三峡文物保护

大厅

展厅

展厅

白鹤梁水下博物馆

　　白鹤梁水下博物馆位于重庆境内的长江与乌江交汇处，地处涪陵区滨江大道二段185号，2009年5月18日对外开放。博物馆主要分为岸边陈列馆和水下参观区两部分，总占地面积30690平方米，建筑面积8433平方米，展区面积4580平方米。

　　岸边陈列馆主要由序厅及"生命之水"、"长江之尺"、"水下碑林"、"三峡明珠"等主题展览和观众互动区等部分组成。

搬迁至白鹤梁水下博物馆的明代石鱼

白鹤梁水下博物馆

白鹤梁题刻原址核心区主要以"无压容器"的保存方式，在长江水下 40 米的深水中，修建了面积为 1375 平方米的双变椭圆罩体，将白鹤梁上唐、宋、元、明、清时期的 139 段真迹题刻保存其间，这是全世界唯一的一座水下博物馆。

参观廊道

从参观窗口可清晰看到水中题刻

三峡文物保护

宜昌博物馆（新馆）

宜昌博物馆（新馆）位于湖北省宜昌市伍家岗区共谊村，占地面积100亩，总建筑面积43080平方米。新馆按照国家一级博物馆标准建设，突出"巴虎楚凤"，将"天、地、人、天人合一，虎、凤、文、虎跃凤翔"融入建筑体系中。基本陈列包括"远古西陵"、"楚巴夷陵"、"千载峡州"、"近现代宜昌"；专题展览包括"永远的三峡——三峡文物保护纪实"、"风情三峡"、"古城记忆"等。

宜昌博物馆（新馆）

"三峡明天更美好"雕塑

重庆三峡移民纪念馆

重庆三峡移民纪念馆是一座为镌刻三峡工程及库区百万大移民这一重大历史事件，充分宣传三峡移民精神，展现库区历代移民文化而建立的大型综合性纪念馆。纪念馆坐落在重庆万州江南新区，与万州老城隔江相望，占地50亩，主体建筑面积1.4万平方米，展厅面积7000平方米，现有基本陈列"万川汇流"、专题陈列"移民精神永放光芒"等，构建出三峡移民的集体记忆空间，完整记录三峡库区的历史，全景展现三峡库区的人文风貌。

展厅

重庆三峡移民纪念馆

三峡文物保护

巫山博物馆

巫山博物馆位于长江三峡巫峡与大宁河小三峡交汇处，总占地面积 8334 平方米，总建筑面积 13300 平方米。主体建筑浑厚凝重，简洁明快，既有浓郁的巴渝特色，又有现代的文化气息，并与三峡自然风光完美地融为一体，成为巫山县地标性的人文景点。对外开放的陈列展览有"巫山巫水巫文化"、"长河遗珍"、"灵山毓秀"等，这些陈列展览以丰富的文物藏品，展示了龙骨坡文化、大溪文化、巫文化等巫山地域文化内容，展示了丰硕的三峡文物保护成果。

展厅

巫山博物馆

开州博物馆

展厅

开州博物馆位于重庆市开州区滨湖公园中段，与开州规划馆形成"两位一体"的城市标志性建筑。开州博物馆占地面积 11988 平方米，建筑面积 4529 平方米，展厅面积 2350 余平方米，2014 年 5 月正式对外开放。该馆承担了全区文化遗产的收藏保管、考古研究、陈列展览、社会教育等职能。主要藏品有战国巴人兵器、汉代青铜器、汉代陶器、宋代瓷器、清代皮影等，并以这些文物为展品，举办了"锦绣开州——开州历史文化基本陈列"、"故城记忆"、"弄潮开州人"、"皮影神韵"等展览，展示了开州璀璨的古代文明和三峡文物保护成果，弘扬了开州传统文化。

三峡文物保护

云阳博物馆

云阳博物馆位于重庆市云阳县双井寨，建筑面积6021.9平方米，使用面积3447平方米。该馆以云阳县悠久的历史、丰富的文化遗存为背景，以在三峡工程建设中新出土的文物为基础，推出了"胸忍流芳"基本陈列，该陈列荟萃了大量珍贵文物，再现了云阳的历史与辉煌，包括文明曙光、巴国雄风、云盐盛世、城镇兴替、革命星火等主题。为记录和弘扬"舍小家，顾国家"的三峡移民精神，该馆还举办了"三峡移民展"。

展厅

云阳博物馆

巴东博物馆

展厅

巴东博物馆

　　巴东博物馆位于湖北省巴东县信陵镇营沱社区沿江大道,占地面积约10亩,建筑面积1500平方米。1988年11月建馆,2013年博物馆综合大楼建成,并于同年4月正式对外开放。该馆主要承担县域文物保护和收藏,以及在三峡文物保护中巴东县出土文物的收藏、研究和展示工作。对外展出的展览有"历史序列文物展"、"民族民俗文物展"、"巴东县革命斗争史文物展"、"旧县坪遗(城)址文物专题展"、"中国部分少数民族早期使用文字书法展"等。

三峡文物保护

夔州博物馆

夔州博物馆是一座集保管、展示、社会教育为一体的综合类地方博物馆，占地 11000 平方米，收藏有 13 万年前"奉节人"创造的人类最早雕刻艺术品，峡江地区迄今发现的最大楚式青铜大鼎，精雕细琢的青玉夔龙，威武雄壮的东汉陶马，惟妙惟肖的北宋三彩，色泽莹润、清素淡雅、纯净细腻的南宋影青瓷等。

夔州博物馆从奉节的山川地理形胜到远古人类，从 13 万年前的人类艺术品到峡江渔猎文化，从古夔之谜到巴楚交融，从夔门战争到夔州诗词巅峰，采取青铜浮雕、实景复原、多媒体投影等丰富多彩的表现方式，观众可以深度体验、互动参与。

夔州博物馆近景

夔州博物馆远景

展厅

三
峡
文
物
保
护

忠州博物馆

　　忠州博物馆位于重庆市忠县忠州镇白公路，紧邻白公祠，占地面积23066平方米，建筑面积15000平方米，其中历史文化陈列区6000平方米，文物库房2000平方米，功能用房2000平方米。

　　忠州博物馆以"忠义之魂，大地史书"为主题，以馆藏文物和库区出土文物为展品，以"人文忠州（忠州历史文化陈列区）"、"忠义忠州（忠文化代表历史人物区）"、"多彩忠州（忠州非遗文化区）"三个展示区为中心，展示忠县历史发展进程和忠县的文化面貌，展示三峡文物保护取得的丰硕成果。

忠州博物馆

三峡博物馆和文物搬迁复建区建设

文物搬迁复建区建设

　　在三峡文物保护中,涉及搬迁的地面文物达到百余处,对于这些文物的搬迁除尽量保持原有的环境状态外,还要最大限度地将它们集中复建,以形成有地方特色的文物搬迁复建区,以保护和传承传统文化,实现中国文化强国梦。目前,已粗具规模的文物搬迁复建区有秭归凤凰山古建筑群、巴东狮子包古建筑群、兴山古夫民居、夔州古城文化博览园、云阳青龙古建筑群、丰都小官山古建筑群、忠县文化生态保护区、巫山江东嘴文物复建区等。在这些文物搬迁复建区中保存有古代民居、宗教建筑、石质文物、古代桥梁、古代城墙、古代城楼、古塔、名人故居故里等。

三峡文物保护

秭归凤凰山古建筑群

凤凰山古建筑群位于国家 AAAAA 级旅游景区湖北省秭归县凤凰山屈原故里文化旅游区，毗邻三峡大坝，占地面积约 500 亩。因三峡工程兴建，2001 年 12 月将秭归县内的 24 处清代及民国初期的古建筑集中搬迁复建其内。2003 年凤凰山地面文物建筑群被湖北省人民政府确定为重点文物保护单位，2006 年被国务院公布为第六批全国重点文物保护单位。该古建筑群是我国目前最大的文物复建群之一。凤凰山古建筑群分为两大区域：一是古民居区，主要展示峡江民居建筑特色；二是屈原文化区，主要展示以屈原祠为核心的纪念屈原的建筑群，该建筑群是目前国内外规模最大的纪念屈原的建筑群。

秭归凤凰山上看大坝

秭归凤凰山古建筑群

搬迁至秭归凤凰山古建筑群的古民居

巴东狮子包古建筑群

狮子包古建筑群位于湖北省巴东县信陵镇营沱社区沿江大道，与长江三峡巫峡口的巴东长江大桥毗邻，占地面积60余亩，为国家AAA级旅游景区。因三峡工程兴建，2001年12月将巴东县三峡淹没区内的13处明清及民国初期的古建筑集中搬迁至此，并于2003年对外开放。该建筑群分为两大展示区域：一是古民居区，主要展示峡江地区土家族的传统民居、传统手工艺作坊、古桥梁等特色建筑；二是寇准文化区，主要展示北宗时期寇准亲建的秋风亭、寇准任巴东县令时的县衙、寇公祠等。巴东博物馆也坐落在此。2003年，狮子包古建筑群被湖北省人民政府确定为重点文物保护单位。

搬迁至巴东狮子包古建筑群的吊脚楼

搬迁至巴东狮子包古建筑群的古民居

搬迁至巴东狮子包古建筑群的古桥梁（明代）

巴东狮子包古建筑群

古夫民居位于湖北省兴山县古夫镇香溪大道 8 号，占地面积 5.98 亩，建筑总面积 1500 平方米。2003 年，望山门、陈伯炎老屋、吴翰章老屋搬迁复建组成，现为湖北省文物保护单位。古夫民居现已辟为兴山县民俗博物馆，以传承、保护兴山地方特色的优秀传统民俗文化为主旨，收藏、展示三峡库区传统民俗文物。

兴山古夫民居

兴山古夫民居全景

三峡文物保护

云阳青龙古建筑群

青龙古建筑群也称三峡文物园，位于重庆市云阳县双江街道寨坝村，占地面积24.15亩。该建筑群专门安置三峡文物保护中搬迁至此的古建筑，历经近八年的搬迁复建，现搬迁至此的古建筑有11处，包括文昌宫、帝主宫、东岳庙、陕西箭楼、维新学堂、云阳南城门、夏黄氏节孝牌坊、长滩石碑亭、六岗石题刻、牛尾石岩画、龙脊石题刻（复制）。2008年青龙古建筑群竣工，2009年1月正式向公众开放，现为重庆市文物保护单位。

东岳庙

云阳青龙古建筑群

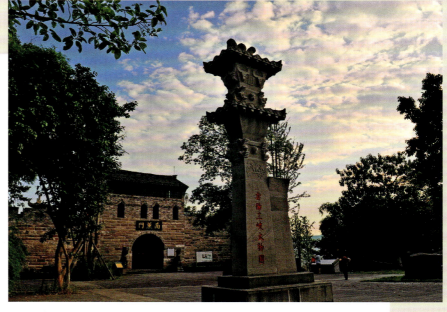

南薰门

陕西箭楼

三峡文物保护

丰都小官山古建筑群

丰都小官山古建筑群

　　小官山古建筑群位于重庆市丰都县小官山彭家垭口，总占地面积20001平方米，建筑面积7669.41平方米。该古建筑群的文物基本是从三峡丰都淹没区搬迁至此的古建筑，包括王家大院、周家大院、卢聚和大院、秦家大院、天佛寺、会川门、大佛面石刻造像、渌水池题刻等。2009年，被重庆市人民政府公布为第二批重庆市文物保护单位。

搬迁至丰都小官山古建筑群的会川门

搬迁至丰都小官山古建筑群的古民居

丰都小官山古建筑群

夔州古城文化博览园

　　夔州古城文化博览园位于重庆市奉节县夔门街道鱼复社区，占地55.4亩，是奉节县三峡文物保护成果的集中展示地。该园区搬迁至此的文物有依斗门、开济门及府城墙、永安宫、耀奎塔、大东门民居（鲍公馆）、鲍超石室、观音洞等，夔州博物馆也建设在园区内。由于该园区紧邻白帝城旅游码头，极适合水上旅游者游览。

夔州古城文化博览园

依斗门

耀奎塔

开济门

托孤堂

忠县文化生态保护区

忠县文化生态保护区位于重庆市忠县忠州镇城西白公街道，占地面积110亩。该保护区以忠县在三峡文物保护中搬迁复建的文物为主体，辅以园林绿化等景观设施，形成了集文物、陈列展览、科学研究、宣传教育、休闲旅游为一体的文化旅游景区。该保护区的文物有白公祠、丁房阙、无铭阙、老官庙、关帝庙、太保祠、巴王庙等。

搬迁至忠县文化生态保护区的古民居

忠县文化生态保护区鸟瞰图

巫山江东嘴文物复建区

南城门

吕氏民居侧立面

　　江东嘴文物复建区包括地面文物 12 处：南城门、聚鹤街 95 号、李季达旧居、谭氏民居、吕氏民居、罗家老屋、罗家老屋南院、无伐桥、无暴桥、兴隆寺、无夺桥、康茂才进兵处石刻。

三峡文物保护大事记

 1992 年

4 月 3 日，第七届全国人民代表大会第五次会议通过了关于兴建长江三峡水利枢纽工程的决议，三峡工程正式启动。

4 月，湖北省文化厅组织湖北省文物考古研究所等单位编制完成《长江三峡工程坝区的文物保护规划及经费预算报告》。

6 月，国家文物局组织文物保护和考古专家，分地下文物、地面文物两个组，对重庆至宜昌段三峡工程库区文物进行为期半个月的考察。

7 月 15 日，湖北省文化厅向国家文物局提交《长江三峡工程坝区范围文物保护方案及经费预算报告书》（鄂文文物字〔1992〕第 213 号）。

8 月，国家文物局成立"三峡工程文物保护领导小组"，组长国家文物局局长张德勤，常务副组长国家文物局副局长张柏，副组长湖北省文化厅副厅长胡美洲和四川省文化厅副厅长姜明华，成员谢辰生、黄景略、黄克忠、傅连兴、郭旃、孟宪民、王川平、陈振裕、胡昌钰，领导小组下设办公室，主任孟宪民（兼），副主任王军（〔1992〕文物人字第 42 号）。

9 月 7—9 日，国家文物局在北京召开三峡水库文物保护工作座谈会，国家文物局副局长张柏主持会议。

12 月 15—16 日，国家文物局在北京召开三峡工程文物保护工作领导小组第一次会议，审查《长江三峡工程淹没区及迁建区文物保护大纲》。

12 月 21 日，国家文物局审核同意湖北省文化厅编制的《长江三峡坝区范围文物保护方案及经费预算报告书》，随后向国务院三峡工程论证领导小组及有关部门报送《关于上报〈长江三峡工程坝区范围文物保护方案及经费预算报告书〉的函》（文物文字第 1169 号）。

 1993 年

3—4 月，经国务院批准，由海峡两岸关系协会、国家文物局、台湾海基会和沈春池文教基金会共同发起的两岸学者共同组成的"长江三峡文化资产维护考察团",由重庆沿江而下考察长江三峡文化遗产,并先后在宜昌和北京召开座谈会。

5月,国家文物局印发《长江三峡工程淹没区及迁建区文物保护大纲》(〔93〕文物文字第689号),并报送国务院三峡办。

6月22日,国家文物局印发《关于设立国家文物局三峡工程文物保护领导小组四川、湖北工作站的函》(〔93〕文物文字第489号),分别设立国家文物局三峡工程文物保护领导小组四川、湖北工作站,负责三峡文物保护调查的组织、协调和联络工作。

8月,全国政协副主席钱伟长率政协考察团考察三峡文物工作,全国政协常委、政协教育文化委员会常务副主任王济夫、国家文物局局长张德勤、副局长张柏参加考察活动。

8月,湖北省文化厅组织开展三峡工程坝区抢救性考古发掘工作,先后发掘了白庙、鹿角包、大坪、杨家湾、三家沱、朱淇沱、茅坪、三斗坪、中堡岛等古文化遗址。

11月、12月,国家文物局分别在北京和成都组织召开制定三峡库区文物保护规划动员和组织工作会议,四川省文化厅、湖北省文化厅和重庆市文化局,以及水利部长江水利委员会及全国24所文物保护研究机构和大专院校等单位参加了会议,会议对规划的制定和文物调查进行了工作部署。

12月3日,国务院三峡办以《关于三峡工程淹没区文物抢救保护规划制定方案的复函》(国三峡办发计字〔1993〕066号),要求国家文物局确定文物考古、研究和保护的有关业务单位,尽快与水利部长江水利委员会接洽编制文物保护规划相关事项,并指出文物保护规划将由国务院三峡办和国务院三峡工程建设委员会移民开发局(简称"国务院三峡建委移民开发局",该局2001年合并至国务院三峡办)会同国家文物局组织审查。

1994 年

1月15日,国家文物局明确中国历史博物馆和中国文物研究所作为《三峡工程淹没区文物抢救保护规划》的规划设计业务单位(〔94〕文物字第50号),负责编制《三峡工程淹没区文物抢救保护规划》。

3月,中国历史博物馆和中国文物研究所组建"三峡工程库区文物保护规划组",中国历史博物馆馆长俞伟超任组长,中国文物研究所副所长黄克忠任副组长,徐光冀、傅连兴为领导成员,贾兰坡、侯仁之、吴良镛为特邀科学家,成员有乔梁、王立平、王仁湘、傅佳欣、顾军、郝国胜、袁虹、雷云。

3月24—26日,三峡工程文物保护规划会议在中国历史博物馆召开。国务院办公厅、国务院三峡办、国家文物局、中国长江三峡集团公司、水利部长江水利委员会、中国历史博物馆、中国文物研究所、国家文物局三峡文物保护领导小组湖北和四川工作站、湖北省文化厅和四川省文化厅等单位负责同志和有关专家参加会议。

4月,规划组组长俞伟超先生率领规划组成员赴三峡库区检查工作。

6月6日,国务院三峡办在北京召开三峡文物保护规划工作协调会,国务院三峡办魏廷琤副主任主持会议，国家文物局张德勤局长、张柏副局长及俞伟超、黄克忠、孟宪民等专家参加会议。

8月，国家文物局在北京召开三峡文物保护工作会议，听取三峡文物保护规划工作进展情况汇报，各规划承担单位代表到会，全国政协副主席钱伟长、中国科学院院士贾兰坡、著名考古学家苏秉琦出席。

10月，宜昌博物馆举办"三峡·宜昌出土文物展"，展出精品文物617件。

12月，湖北省文化厅将三峡工程坝址——中堡岛考古工地移交中国长江三峡集团公司，三峡工程坝址工程施工建设正式开始。

12月，国家文物局在北京召开三峡库区文物保护规划工作座谈会，会议肯定了三峡库区文物保护规划的科学性和可行性，体现了"重点保护，重点发掘"原则。

▶ 1995 年

1月，重庆三峡工程淹没区考古调查荣获1994年全国十大考古新发现。

2月，湖北省文化厅组织相关业务单位率先进入三峡库区开展文物保护工作。

5月，国家文物局三峡湖北工作站制定了三峡湖北库区文物保护工作的相关管理办法，拟定了项目合同等规范性管理文本，确保文物保护工作的顺利开展。

▶ 1996 年

3月，规划组完成了《长江三峡工程淹没及迁建区文物古迹保护规划报告》的编制工作。

5月，规划组向国务院三峡建委移民开发局、湖北省移民局、四川省三峡移民办、水利部长江水利委员会提交了《长江三峡工程淹没及迁建区文物古迹保护规划报告》。

9月28日，国务院三峡建委移民开发局以《关于请抓紧组织〈长江三峡工程水库分省淹没及移民迁建区文物古迹保护规划报告〉验收的通知》（国峡移函规字〔1996〕62号），要求四川省三峡移民办、湖北省移民局、水利部长江水利委员会负责《长江三峡工程淹没及迁建区文物古迹保护规划报告》的验收工作。

10月9日，国务院副总理邹家华、国务委员李铁映主持召开研究三峡工程建设中文物保护工作有关问题的会议。会议决定，三峡文物保护工作受国务院三峡建委统一领导，由该委员会全权负责。四川省、湖北省人民政府在国务院三峡建委的领导下，分别负责本省三峡工程建设中的文物保护工作。同意国家文物局增补为国务院三峡建委成员单位，指导两省开展工作，负责协调在全国范围内调集有关专业人员参加三峡文物保护工作并进行督促检查。

▶ 1997 年

重庆丰都烟墩堡遗址发掘荣获1996年全国十大考古新发现。

2月，湖北省文物局完成巴东县、秭归县、兴山县和宜昌县地面文物搬迁保护总体规划的编制。

6月19日，重庆直辖后的第2天，国家文物局与重庆市人民政府在重庆组织召开全国文物系统支援三峡工程重庆库区文物工作协调会，全国31所文物保护研究机构和大专院校的代表参加，重庆市文化局与31家单位签订了重庆库区文物保护协议书。

6月，重庆市人民政府宣布成立三峡文物保护专家顾问组，聘请俞伟超、谢辰生、罗哲文、吕济民、黄景略、黄克忠、徐光冀、苏东海、夏正楷、庄孔韶、徐文彬为专家顾问组成员，俞伟超为专家顾问组组长。

6月23日，国务院三峡建委移民开发局在重庆市组织召开三峡工程库区文物保护规划验收工作协调会。

10月，湖北省文物局特邀国家文物局考古专家组组长黄景略、中国社会科学院考古研究所研究员黄展岳对三峡库区考古发掘工作进行项目检查。

11月5日，重庆市人民政府组织召开三峡文物保护工作专题会议，决定重庆市三峡库区文物保护工作由重庆市文化局（重庆市文物局）负责组织实施。

11月9日，中共中央总书记江泽民在大江截流仪式上发表重要讲话，指出要"做好三峡文物保护工作"。

11月9日，国家文物局局长张文彬参加三峡工程大江截流仪式后，带队考察三峡库区文物保护工作。

1998年

6月，国务院三峡建委移民开发局组织有关专家，对《长江三峡工程淹没及迁建区文物古迹保护规划报告》中三峡库区文物状况进行考察。

7月，国务院三峡建委移民开发局在北京组织召开三峡库区文物保护规划工作座谈会。

9月6日，国务院三峡办在北京组织召开《长江三峡工程淹没及迁建区文物古迹保护规划报告》专家论证会，会议原则通过了《长江三峡工程淹没及迁建区文物古迹保护规划报告》。

9月14日，国务院三峡办印发《关于抓紧开展长江三峡工程淹没及迁建区文物古迹保护规划报告补充调整工作的通知》（国三峡办发技字〔1998〕108号）。

10月，规划组根据专家论证会意见，对《长江三峡工程淹没及迁建区文物古迹保护规划报告》进行了修改和完善，形成《〈长江三峡工程淹没及迁建区文物古迹保护规划〉有关内容的修订与补充》，上报国务院三峡办。

11月，重庆市文化局成立"重庆市文化局三峡文物保护工作领导小组"、"重庆市文化局三峡文物保护工作领导小组办公室"。

11月，重庆市文化局印发《重庆市三峡工程淹没区及迁建区文物抢救保护管理暂行办法》。

12月，重庆市文物局联合重庆市移民局在重庆召开白鹤梁题刻、石宝寨、张桓侯庙保护方案论证会，形成《白鹤梁题刻、石宝寨、张桓侯庙保护方案论证会专家组意见》，并上报国务院三峡办。

▶ 1999 年

重庆忠县中坝遗址、云阳李家坝遗址发掘荣获 1998 年全国十大考古新发现。

3 月 2 日，湖北省文化厅成立"湖北省文物局三峡文物保护工作领导小组"和"湖北省文物局三峡文物保护工作领导小组办公室"（鄂文文物通字〔1999〕第 018 号）。

4 月 29 日，国务院三峡办致函重庆市人民政府《关于抓紧开展白鹤梁题刻石宝寨张桓侯庙保护工作的函》（国三峡办发技字〔1999〕037 号），原则同意重庆市报送的白鹤梁题刻、石宝寨、张桓侯庙保护方案。

10 月 8 日，国务院三峡办在北京组织召开文物保护规划审批会议，听取了有关部门对《长江三峡工程淹没及迁建区文物古迹保护规划报告》的审核报告，并对有关问题进行了研究和讨论。

12 月 7 日，国家文物局局长张文彬带队考察三峡库区文物保护工作。

▶ 2000 年

3 月 14 日，国务院三峡建委移民开发局在北京组织召开三峡工程淹没区及迁建区文物古迹保护规划实施工作会议。

6 月 23 日，国务院三峡建委批复了《三峡工程淹没区及迁建区文物保护项目和保护方案》（国三峡委发办字〔2000〕15 号），同意将 1087 处文物点列入保护规划，其中地下文物 723 处，地面文物 364 处。

7 月，重庆市文化局印发《重庆市三峡工程淹没及迁建区考古发掘项目监理试行办法》，三峡考古发掘监理工作开始试行。

9 月 12 日，湖北省文物局会同湖北省移民局在武汉组织召开秭归县屈原祠、新滩民居群搬迁保护工作会议。

12 月 2—11 日，国家文物局和国务院三峡建委移民开发局联合组成检查组，赴三峡库区检查文物保护工作。

12 月 29 日，重庆市委书记贺国强、市长包叙定在人民广场启动重庆中国三峡博物馆暨人民广场三期工程开工仪式。

▶ 2001 年

2 月 23—24 日，重庆市文化局在重庆组织召开涪陵白鹤梁题刻保护方案专家论证会，会议原则通过了白鹤梁题刻原地保护方案。

4 月 21 日，湖北省文物局组织召开秭归县地面文物搬迁保护项目总体规划工作会议。

6 月 16 日，全国人大常委、科教文卫主任委员朱开轩、常委张明远、全国文联副主席高运甲、全国人大科教文卫文化室主任朱兵等赴三峡库区视察三峡文物保护工作。

6 月 19 日，重庆市人民政府召开全市三峡库区文物保护工作会议，市委副书记、副市长甘宇平与重庆市文化局局长王洪华、三峡库区有关区县分管领导签订二期移民阶段文物保护工作目标责任书。

6 月 29 日，国务院三峡建委移民开发局在北京组织召开《惊世大抢救——三峡文物保护纪实》电视片专家论证会，有关文物专家参加。

7 月 10 日，重庆市人民政府印发《关于印发重庆市三峡工程淹没区及迁建区文物保护管理办法的通知》。

9 月 10 日，国家文物局组织召开三峡库区文物保护工作会议，国家文物局副局长张柏主持会议。

10 月 12 日，湖北省文物局委托河南东方文物建筑监理有限公司全程监理望家祠堂和江渎庙复建工程，监理公司进驻施工现场，标志着三峡库区地面文物保护项目率先引入监理制。

10 月 17 日，国家文物局致函重庆市文物局《关于云阳张桓侯庙搬迁保护规划方案设计的批复》（文物保函〔2001〕808 号），原则同意《张桓侯庙搬迁保护方案》，张桓侯庙搬迁复建工程开始实施。

11 月 21 日，国务院三峡建委移民开发局联合国家文物局组成检查组，赴三峡库区开展三峡库区文物保护检查工作。

11 月 28 日，重庆市人民政府发布《关于表彰重庆市三峡库区文物保护工作先进集体和先进个人的通报》，通报表彰全国 10 个先进集体和 38 位先进个人。

12 月 6—26 日，国务院三峡办组织有关专家和人员开展三峡库区文物保护总经费测算工作，以《长江三峡工程淹没及迁建区文物古迹保护规划报告》提供的经费为基础，提出了三峡库区文物保护总经费的测算办法。

◖ 2002 年

1 月 15—16 日，重庆市人民政府在北京组织召开重庆涪陵白鹤梁题刻原址水下保护工程可行性方案研究报告论证会，国务院三峡办、国家文物局、中国科学院、中国工程院、上海交通大学以及长江勘测规划设计研究院等单位的负责同志和相关专家参加了会议，专家组对白鹤梁题刻保护问题进行了质询，原则通过了葛修润院士提出的白鹤梁题刻"无压容器"保护方案。

3 月 2 日，重庆市委书记贺国强、市长包叙定一行赴涪陵视察白鹤梁水文题刻保护工作。

3 月 18 日，国务院三峡办在重庆组织召开三峡库区文物保护总经费测算工作座谈会，研究讨论了三峡库区文物保护总经费测算依据、原则及测算方法。

3 月 22 日，重庆市巫山县大溪遗址发掘项目荣获国家文物局授予的"1999—2000 年度田野考古三等奖"。

5 月 16 日，湖北省人民政府审核通过《湖北省屈原祠保护方案设计》，并报送国务院三峡办。

6月21—24日，由重庆市人民政府主办的"长江文明的华彩乐章——三峡文物保护成果展"在香港会展中心举办。

8月12日，国家文物局致函重庆市文物局《关于丁房阙、无铭阙保护方案的批复》（文物保函〔2002〕777号），原则同意丁房阙、无铭阙搬迁保护方案。

9月13—19日，湖北省文物局组织有关人员开展了库区135米水位线以下地面和地下文物点的自查自验工作，确保2003年6月前完成135米线下的文物保护工作。

10月17日，湖北省文物局印发《湖北省三峡工程淹没区及迁建区文物保护管理暂行办法》（鄂文物综〔2002〕44号）。

10月29日，国务院总理、国务院三峡建委主任朱镕基主持召开国务院三峡建委第十一次会议，国务院副总理、国务院三峡建委副主任吴邦国，国务院三峡建委委员，以及全国政协副主席、三峡工程质量检查组组长钱正英，两院院士、副组长张光斗出席了会议，国务院有关部门的负责同志列席了会议。会议明确了三峡库区文物保护经费问题，原则同意将核定的总经费切块到湖北、重庆两省市包干使用，由两省市负责组织实施，国务院三峡办和国家文物局负责监督、检查和指导。

11月28日，国务院三峡办组织湖北省、重庆市移民局、文物局相关人员，在北京开展三峡库区文物保护经费包干测算工作，形成三峡工程淹没区及移民迁建区文物保护总经费及切块包干测算报告。

12月11—13日，重庆市文物局在北京组织召开三峡工程重庆库区二期水位重点考古项目汇报会，国务院三峡办、国家文物局等单位负责同志，俞伟超、黄景略、张忠培、徐光冀等文物专家参加。

12月，根据国务院三峡建委关于长江三峡工程二期移民工程验收的要求，湖北省文物局编制了湖北库区文物保护自验工作方案并开展自验工作。

◑ 2003年

1月8日，国家文物局发文重庆市文物局《关于白鹤梁题刻水下保护工程初步设计方案的批复》（文物保函〔2003〕28号），原则同意《白鹤梁题刻水下保护工程初步设计报告》。

2月13日，重庆涪陵白鹤梁题刻原址水下保护工程开工，重庆市副市长甘宇平、国家文物局局长单霁翔参加开工仪式。

3月15日，湖北省文物局接受国务院三峡办二期移民工程终验专家验收小组的检查，并通过了国务院三峡办二期移民工程验收委员会的终验。

3月21日，国务院三峡建委印发《关于三峡工程淹没区及移民迁建区文物保护总经费及切块包干测算报告的批复》（国三峡委发办字〔2003〕6号）。

4月，湖北巴东旧县坪遗址发掘荣获2002年全国十大考古新发现。

4月27日，三峡工程重庆库区二期移民工程文物保护工作顺利通过国务院三峡办二期移民工程验收委员会的终验。

7月17日，云阳张桓侯庙搬迁复建工程通过国家文物局组织的验收，7月19日正式对外开放。

7月22日，湖北省在三峡工程坝区组织召开三峡文物保护与考古学研究学术研讨暨湖北库区文物保护工作表彰会，表彰全国三峡文物保护先进集体和先进个人，全国20多个大专院校、科研院所等单位的负责同志和有关专家参会。

10月28日，国家文物局致函重庆市文物局《关于石宝寨保护工程方案设计的批复》（文物保函〔2003〕879号），原则同意石宝寨保护工程方案，石宝寨保护工程开始实施。

2004 年

3月，国务院三峡建委批复《关于涪陵白鹤梁题刻原址水下保护工程投资概算》（国三峡委发办字〔2014〕11号）。

4月，国务院三峡建委发布《国务院三峡工程建设委员会表彰三峡工程建设先进集体和先进工作者的决定》，表彰国家文物局文保司以及中国历史博物馆等单位和个人。

8月，国务院三峡办联合国家文物局组织相关专家对库区156米水位线下文物保护工作开展检查。

10月，湖北省人民政府批复《关于秭归县屈原祠搬迁重建工程初步设计方案》（鄂政办函〔2004〕75号）。

11月，国务院三峡办印发《关于进一步做好三峡库区文物保护工作的通知》（国三峡办发规字〔2004〕97号）。

11月，重庆市人民政府办公厅建立白鹤梁保护工程联席会议制度。

12月10日，秭归县屈原祠重要组成部分——屈原墓搬迁工程正式开工。

2005 年

1月11日，国务院三峡办联合国家文物局组织相关文物和移民专家赴三峡库区检查文物保护管理工作。

4月20日，国务院三峡办在北京组织召开屈原祠仿古新建保护方案工作会议，国务院三峡办、湖北省移民局和文物局相关负责同志参加了会议，屈原祠仿古新建工程初步设计的相关工作全面开展。

6月18日，重庆中国三峡博物馆正式对外开放。

8月8—10日，国家文物局局长单霁翔赴三峡库区调研文物保护工作。

11月25日，国务院三峡办印发《关于湖北省秭归县屈原祠仿古新建工程投资概算的批复》（国三峡办发规字〔2005〕129号），批复秭归县屈原祠仿古新建工程投资概算。

2006 年

2月15日，国务院三峡办会同国家文物局组织相关专家赴三峡库区开展文物保护工作检查。

2月，国务院三峡办开展三峡工程重庆库区文物保护工作专项稽查。

6月，湖北省文物局成立屈原祠仿古新建工程领导小组，全面开展项目实施工作。

6月，秭归凤凰山古建筑群被国务院公布为第六批全国重点文物保护单位（国发〔2006〕19号）。

7月14日，三峡工程重庆库区文物保护工作顺利通过国务院长江三峡库区三期移民工程验收专家组的验收。

7月，湖北省文物局组织初验工作组分赴湖北库区开展156米蓄水位线下文物保护项目的初验工作。

8月，三峡工程湖北库区文物保护工作通过国务院长江三峡库区三期移民工程验收专家组的验收。

11月10日，屈原祠仿古新建工程开工典礼在秭归县凤凰山隆重举行。

▶ 2007 年

3月，国务院三峡办联合国家文物局，赴三峡库区调研检查165米蓄水位线下文物保护项目实施进度和质量安全情况。

6月9日，国务院三峡办主任汪啸风、重庆市人民政府顾问甘宇平等一行检查三峡重庆库区文物保护工地。

8月，国务院三峡办和国家文物局联合发文《关于抓紧开展三峡库区文物保护项目清理工作的通知》（国三峡办发规字〔2007〕63号）。

10月，国务院三峡办联合国家文物局赴三峡库区检查文物保护项目资金清理工作。

▶ 2008 年

1月6日，国务院三峡办在北京组织召开三峡工程175米蓄水前文物保护有关工作专题座谈会，国务院三峡办、湖北省移民局和文物局、重庆市移民局和文物局，以及长江工程监理咨询有限公司等单位的负责同志参加会议。

4月21日，重庆大昌镇古民居搬迁工程通过验收。

7月8日，国家文物局组织中国文化遗产研究院、北京大学等单位专家，赴三峡库区检查四期移民工程文物保护初验工作。

7月13日，三峡工程重庆库区文物保护工作顺利通过国务院三峡办四期移民工程验收委员会终验。

9月2日，重庆市人民政府组织召开重庆市三峡库区文物保护工作专题会议。

▶ 2009 年

1月19日，湖北省文物局召开"三峡文物大抢救"（三峡文物考古成就总体动画展示项目）验收会。

3月24日，经国家广电总局批准，纪录片《三峡记忆》摄制组进入三峡库区实地拍摄。

4月15日，湖北省副省长田承忠带队赴秭归视察屈原祠仿古新建工程建设及凤凰山旅游风景区规划工作。

4月17日，忠县石宝寨举行对外开放仪式。

4月29日，湖北省文物局组织召开屈原祠主体工程竣工验收会议。

5月18日，2009年"国际博物馆日"中国主会场启动暨白鹤梁水下博物馆开馆仪式在涪陵区举行，国家文物局局长单霁翔、国务院三峡办党组成员张宝欣、中国博物馆学会名誉理事长张文彬等出席。单霁翔局长宣布2009年"国际博物馆日"中国主会场活动启动暨白鹤梁水下博物馆开馆。

6月30日，重庆市市长王鸿举视察白鹤梁水下博物馆。

8月12日，国务院三峡办副主任卢纯视察白鹤梁水下博物馆。

12月，湖北省表彰自2003年以来在三峡湖北库区文物保护工作中做出突出贡献的全国先进集体和个人。

▶ 2010 年

1月16日，屈原祠仿古新建工程竣工典礼在秭归凤凰山隆重举行，国务院三峡办、国家文物局、湖北省文化厅、湖北省文物局和中国文物学会等单位的负责同志和相关专家参加。

3月，中国三峡出版社出版《长江三峡工程淹没及迁建区文物古迹保护规划报告》。

3月，经重庆市人民政府批准，增加张柏、王川平、李季、张威、刘曙光、高星为三峡文物保护专家顾问组成员，张柏为组长，王川平为副组长。

4月24日，白鹤梁水下博物馆正式对外开放。

4月30日，重庆市人民政府通报表彰重庆市三峡库区文物保护工作全国先进集体10个、先进个人50位。

5月，全国政协副主席孙家正一行视察三峡库区文物保护工作。

6月12日，全国第五个文化遗产日，屈原祠正式对外开放。

6月16日，在屈原祠举行中国屈原故里端午文化节暨海峡两岸屈原文化论坛开幕式。

8月20日，国家文物局局长单霁翔一行视察白鹤梁水下博物馆。

8月28日，中共中央政治局常委李长春一行视察白鹤梁水下博物馆。

10月30日，白鹤梁题刻原址水下保护工程研究与实践获国家文物局2009年度文物保护科学和技术创新一等奖。

11月24—27日，由中国考古学会主办、湖北省文物局和重庆市文物局协办、湖北省文物考古研究所和湖北省博物馆承办的"中国考古学会第十三次年会——三峡地区考古发现与研究暨纪念夏鼐先生诞辰100周年"在武汉召开。

12月1—4日，重庆市文物局组织召开"三峡文物遗产保护学术研讨会"。

12月2日，忠县石宝寨原地保护工程通过国家文物局组织的验收。

▶ 2011 年

7 月 27 日，白鹤梁题刻水下保护工程通过国家文物局组织的综合验收。

7—11 月，国务院三峡办组织开展 2007 年 9 月至 2011 年三峡文物保护项目专项核查工作。

▶ 2012 年

湖北省文物局完成三峡文物保护课题"三峡文物大抢救"光盘制作。

▶ 2013 年

10 月，国务院三峡办邀请国家文物局、中国国家博物馆和水利部长江水利委员会等单位专家组成调研检查组，赴湖北省和重庆市三峡库区对 2011、2012 年度三峡库区自然与历史文化遗产保护项目进行调研检查。

10 月 29 日，由国务院三峡办、国家文物局、湖北省人民政府和重庆市人民政府共同主办的"三峡文物保护成果展"在重庆中国三峡博物馆开展，集中展示三峡文物保护所取得的成果。

▶ 2014 年

5 月，国家文物局向湖北省和重庆市转发《关于印发〈三峡工程文物保护专项验收工作大纲〉等文件的通知》（文物保函〔2014〕559 号），对三峡工程文物保护专项验收工作进行了全面部署。湖北省和重庆市分别成立长江三峡工程文物保护专项验收组，并各自开展本省（市）的初验工作。

▶ 2015 年

3 月 3 日，国家文物局组织召开三峡工程文物保护专项终验工作启动会，对终验工作做出具体安排。

3 月 11—17 日，国家文物局在湖北省和重庆市初验的基础上，组织验收专家组对三峡工程文物保护项目进行技术性终验。

4 月 13—16 日，国家文物局组织专家组对三峡工程文物保护项目进行行政性终验。

8 月，国家文物局向国务院三峡办报送《长江三峡移民工程竣工验收文物保护专项验收报告》。

10 月 9—11 日，国务院长江三峡工程整体竣工验收委员会移民工程验收组在重庆市万州区召开移民工程验收组第二次全体会议，会议听取关强代表国家文物局关于文物保护专项验收情况的汇报，形成《长江三峡工程整体竣工验收移民工程验收报告》审议意见，会议一致同意包括文物保护专项的长江三峡工程整体竣工验收移民工程验收合格。

后　记

　　三峡文物保护是我国目前规模最大的文物保护工程，在国务院三峡办和国家文物局的组织领导下，调集全国文物保护力量参加，经过文物工作者 20 余年的努力，1128 处文物得到了有效保护和合理利用，出土文物达 25 万余件套，其中较珍贵文物 6 万余件套；一大批地面文物通过搬迁保护，形成新的文物保护区和旅游风景区。在保证三峡水利枢纽工程顺利建设的同时，将三峡文物的损失降到了最低。

　　为了系统展示三峡文物保护的丰硕成果，由国务院三峡办和国家文物局共同组织，在湖北省和重庆市文物局、移民局的支持配合下，委托科学出版社承担了本书的编制和出版工作。

　　在本书编制过程中，国务院三峡办和国家文物局高度重视，做了大量的组织协调工作，给予了强有力的政策指导。湖北省和重庆市文物局、移民局对本书的编制给予了大力支持，提供了工作便利和大量的图片资料。三峡库区各区县文物管理单位积极配合，补充提供了许多重要文物信息。

　　为了圆满完成本书的编制，科学出版社邀请著名考古学家徐光冀先生担任主编，长期从事三峡文物保护工作的郝国胜先生担任执行主编，聘请中国文化遗产研究院黄克忠研究员、国家文物局原副局长张柏先生、重庆中国三峡博物馆原馆长王川平先生、湖北省文物局原局长沈海宁先生为本书顾问，由熟悉三峡文物保护的考古专家、古建专家任编委。在执行主编郝国胜先生的带领下，编制工作人员多次深入三峡库区，进行资料收集和图片拍摄。在 25 万余件套出土文物中遴选出 500 余件套精美文物，按年代序列和文物类别编排，形成"三峡地下文物保护"部分；按重点保护项目、重要保护项目和文物类别编排，形成"三峡地面文物保护"部分；按博物馆建设和文物搬迁复建区建设编排，形成"三峡博物馆和文物搬迁复建区建设"部分。徐光冀、王仁湘先生对全书进行了审核把关和编制指导。

　　2018 年 1 月，国务院三峡办和国家文物局联合组织召开了专家评审会，对本书进行了评审，充分肯定了取得的成果，一致同意印制出版。

　　此书的正式出版，感谢国务院三峡办、国家文物局的正确领导，感谢湖北省和重庆市文物局、移民局的大力支持，感谢重庆中国三峡博物馆、重庆市文化遗产研究院、白鹤梁水下博物馆、宜昌博物馆以及湖北省秭归县、巴东县、兴山县和重庆市万州区、涪陵区、开州区、丰都县、忠县、云阳县、奉节县、巫山县、石柱县等文物主管单位的大力帮助。感谢国务院三峡办雷鸣山副主任及规划司罗元华司长、倪莉副司长、王鹏副调研员，国家文物局宋新潮副局长、关强副局长及文物保护与考古司闫亚林副司长、王铮副处长、王彬副调研员等的工作指导；感谢中国国家博物馆陈成军副馆长、戴向明研究员，重庆市文物局白九江副局长、王建国调研员、谭京梅调研员，重庆中国三峡博物馆邵卫东副研究员、彭学斌副研究员，重庆市文化遗产研究院袁东山副院长、杨小刚研究员，白鹤梁水下博物馆胡黎明馆长、黄德建副馆长，万州区博物馆岳宗英馆长，涪陵区博物馆黄海馆长，开州博物馆王永威馆长，丰都县文物管理所刘屏所长，忠州博物馆陈云华馆长，云阳博物馆温小华馆长、胡祥云副馆长，云阳县文物管理所陈昀副所长，奉节县夔州博物馆雷庭军馆长，巫山博物馆张潜馆长，宜昌博物馆肖承云馆长，秭归县文物局余波局长，兴山县文物局刘道霖局长等的支持和帮助。

文物界著名专家谢辰生先生一直关心三峡文物保护，为三峡文物保护做出了巨大贡献，特为本书题字，在此衷心感谢。

编辑委员会

2018 年 2 月